AF329113

DROIT ROMAIN

DES PRÆJUDICIA DE STATU

DROIT CIVIL

DE L'AUTORITÉ DE LA CHOSE JUGÉE

EN MATIÈRE

D'ÉTAT DES PERSONNES

THÈSE POUR LE DOCTORAT

PAR

Raymond BUFNOIR
Licencié ès lettres
Avocat à la Cour d'appel

PARIS

LIBRAIRIE NOUVELLE DE DROIT ET DE JURISPRUDENCE

ARTHUR ROUSSEAU

ÉDITEUR

14, RUE SOUFFLOT ET RUE TOULLIER 13,

1893

THÈSE

POUR LE DOCTORAT

DROIT ROMAIN

DES PRÆJUDICIA DE STATU

DROIT CIVIL

DE L'AUTORITÉ DE LA CHOSE JUGÉE

EN MATIÈRE

D'ÉTAT DES PERSONNES

THÈSE POUR LE DOCTORAT

L'ACTE PUBLIC SUR LES MATIÈRES CI-APRÈS

Sera soutenu le jeudi 29 juin 1893, à 1 heure

PAR

Raymond BUFNOIR

Licencié ès lettres
Avocat à la Cour d'appel

Président : M. Léon MICHEL, *professeur.*

Suffragants : MM. JOBBÉ-DUVAL, MASSIGLI, *professeurs.*
WEISS, *agrégé.*

PARIS

LIBRAIRIE NOUVELLE DE DROIT ET DE JURISPRUDENCE

ARTHUR ROUSSEAU

ÉDITEUR

14, RUE SOUFFLOT ET RUE TOULLIER 13,

1893

DROIT ROMAIN

—

DES PRÆJUDICIA DE STATU

TABLE DES MATIÈRES

Pages

Avant-propos   5

CHAPITRE PREMIER. — **Régime des præjudicia en général, et en particulier règles communes aux divers præjudicia de statu**   7

Section I. — Nature des *præjudicia*.   7

Section II. — Domaine et cas d'application des *præjudicia de statu*. 15

Section III. — Règles de compétence 21

Section IV. — Règles de procédure ; preuve. 29

CHAPITRE II. — **Des divers præjudicia de statu et des règles qui leur sont propres** 38

Section I. — Questions diverses relatives à l'ordre d'introduction, au développement historique et au nombre des *præjudicia de statu*. 38

Section II. — Etude particulière de chacun des *præjudicia de statu*. 45

§ I. — *Causa liberalis* ou *præjudicium de libertate*. . . . 46

A. — *Proclamatio in libertatem ; præjudicium an liber sit*. 46

B. — *Vindicatio in servitutem ; præjudicium an A¹ A¹¹ sit*. 52

C. — *Præjudicium an in libertate sine dolo malo fuerit*. Règles de procédure spéciales à la *causa liberalis*. . 56

§ II. — *Præjudicium de ingenuitate et de libertinitate*. . 64

A. — *Præjudicium an libertus sit*. 65

B. — *Præjudicium an ingenuus sit* 65

§ III. — *Præjudicium de partu agnoscendo ; — an uxor sit ?* 67

§ IV. — *Præjudicium de patria potestate* 69

§ V. — *Præjudicium de civitate* 72

     TABLE DES MATIÈRES

CHAPITRE III. — **Effet de la chose jugée dans les præjudicia de statu et autres instances relatives au status
personarum**   74

    Section I. — Effet de la chose jugée incidemment   75
    Section II. — Effet de la chose jugée principalement   77

        A. — Système de la généralisation absolue ; Toullier ;
          Bonnier   78
        B. — Système de distinctions ; Savigny.   81
        C. — Système de l'effet relatif.   82
          a) Absence de textes en bien des matières   83
          b) Textes relatifs à la *causa liberalis*.   84
          c) Textes relatifs à l'ingénuité   88
          d) Textes relatifs à la légitimité et au désaveu. . .   94

Tableau des principaux textes relatifs a la chose jugée en matière de status cités ou analysés dans le chapitre III   97

Principaux ouvrages consultés   99

DES PRÆJUDICIA DE STATU

AVANT-PROPOS

La partie très spéciale du droit romain que nous abordons n'est pas de celles que la science moderne a le plus rajeunies et renouvelées. La matière des *præjudicia de statu* n'a jamais été beaucoup étudiée en France ; et en Allemagne, où elle a fait l'objet d'un examen plus attentif, les commentateurs des textes, les historiens des actions n'en ont traité qu'accessoirement.

Ce n'est pas cependant qu'elle ne vaille point la peine d'être approfondie, cette théorie, à laquelle ont tant emprunté, sans la bien connaître, les controverses de notre ancien droit et même de notre droit moderne ; mais on est loin de posséder tous les éléments indispensables à sa construction. Si, dans l'état actuel des textes, il est possible de trancher définitivement la célèbre question du *justus contradictor*, le peu de renseignements que nous ont transmis les auteurs et les recueils juridiques ne permettent guère

de résoudre les problèmes historiques qui ont été
plus récemment agités, par exemple ceux de l'origine
des *præjudicia*, de leur nombre, s'il fut limité, de leur
ordre d'introduction.

Nous nous sommes efforcé néanmoins de rassem-
bler de la manière la plus complète les éléments du
sujet, afin de pouvoir présenter un tableau suffisam-
ment exact de l'état de la science en cette matière où les
conjectures ont une trop large part, et, sur chaque
point, nous avons adopté, en dehors de tout esprit
de système, la solution qui nous a paru la plus plau-
sible.

CHAPITRE PREMIER

RÉGIME DES PRÆJUDICIA EN GÉNÉRAL ;
ET EN PARTICULIER RÈGLES COMMUNES
AUX DIVERS PRÆJUDICIA DE STATU.

SECTION I. — Nature des Præjudicia.

D'une manière générale les *præjudicia* sont des instances préliminaires, et, selon la traduction littérale
du mot, des préjugés. Les textes désignent sous ce
nom tantôt une instance préalable jouant le rôle d'une
véritable action indépendante, tantôt un débat pré-
paratoire qui doit aboutir à l'octroi ou au refus de
l'action principale par le magistrat. De cette dernière
espèce de *præjudicium*, qui constitue l'origine des *præs-
criptiones*, et apparaît par suite comme la première
manifestation des exceptions, nous n'avons pas à par-
ler (1) ; qu'il nous suffise de faire remarquer que, sous

(1) Nous ne citerons que pour mémoire deux passage du Digeste,
l'un de Paul et l'autre d'Ulpien, où le mot *præjudicium* est employé
dans un sens spécial : — l. 54, D. 5, 1 ; — l. 25, § 17, D. 5, 3. —
Le mot signifierait aussi, d'après Quintilien, les antécédents théo-
riques et pratiques d'une question, les précédents de jurisprudence. « *Jam* præjudiciorum *vis omnis tribus in generibus versatur :
rebus, quæ aliquando ex paribus causis sunt* judicatæ ;..... judiciis
ad ipsam causam *pertinentibus, unde etiam nomen tractum est* ;.....

forme d'action ou d'exception, toute décision sur une question qui emporterait un préjugé relativement à une autre question est comprise sous la dénomination de *præjudicium*.

Si tel est l'aspect extérieur et pour ainsi dire physique des *præjudicia*, quel était leur but juridique ? La meilleure formule à ce point de vue nous a été fournie par Keller (2) : c'étaient « des *judicia* qui n'étaient point destinés à obtenir une condamnation et n'avaient en vue aucun effet extérieur immédiat, mais qui tendaient uniquement à faire reconnaître et à faire établir judiciairement, pour un usage à venir, *soit pour servir dans un procès, soit pour tout autre but*, un rapport concret de droit ou un fait juridique, dont l'existence était utile à constater ».

Il résulte de cette définition, la plus complète à notre connaissance qui ait jamais été donnée, que le *præjudicium* était une véritable action ; et certes, à une époque où le mot action avait pris une extension telle qu'on y pouvait comprendre à la fois, et en dehors des actions proprement dites, les *in integrum restitutiones* (3), les *prætoriæ stipulationes* (4) et les in-

____

aut quum *de eadem causa* pronuntiatum est...... ». (Quint., *De instit. orat.*, V, 2).

(2) Keller, *De la procédure civile et des actions chez les Romains*, trad. Capmas, § 38, p. 167. — Cf. aussi Maynz, *Éléments de droit romain*, 3ᵉ éd., t. I, p. 444.

(3) Paul, *Sent.*, I, 7, 1. Integri restitutio est *reintegrandæ rei vel causæ* actio.

(4) L. 37, D. 44, 7. Stipulationes prætoriæ... *quia* actionum ins-

terdits (4), le *præjudicium* pouvait bien être considéré comme une action ; bien auparavant déjà, il en avait les caractères, si l'on admet avec nous que les instances relatives à l'état ont toujours été soumises, à l'époque classique, aux règles ordinaires de la procédure (5).

Il résulte en second lieu de la définition de Keller que le *præjudicium* n'aboutissait pas à une condamnation, mais à l'énonciation en justice d'un fait juridique, et plus spécialement, dans notre matière, de l'état d'une personne.

Si le *præjudicium* était une action, quels en étaient les caractères ? Nous abordons ici une des questions les plus discutées de notre sujet, celle qui consiste à se demander quelle est la place qu'il convient d'assigner aux *præjudicia* dans la classification la plus large des actions, dans la division en *actiones in rem* et *in personam*.

Ulpien semble ne s'être jamais posé la question, et, dans deux passages, il laisse les *præjudicia* en dehors

tar *obtinent*. — Interdicta *quoque* actionis verbo *continentur*. — D'après le même texte, Pomponius aurait fait expressément la même application au *præjudicium*.

(5) Primitivement le mot action comprenait seulement, et à l'exclusion de ce qui se jugeait *in jure*, les instances qui avaient lieu *in judicio* : « *actio nihil aliud est quam jus persequendi* judicio *quod sibi debetur* », selon un fragment de Celse rapporté aux Institutes, pr. IV, 6, et au Digeste (l. 51, D. 44, 7). — Cf. plus bas les règles de compétence, chap. I, sect. III, p. 21 et suiv.

de la classification (6). Et, de fait, l'action n'est pas *in personam*, puisque nous n'avons pas de débiteur à y désigner ; on ne peut pas dire non plus qu'elle soit *in rem*, puisque, n'aboutissant pas à une condamnation, elle n'a pas d'effet immédiat sur le patrimoine.

D'autre part, Justinien, dans un passage célèbre des Institutes, affirme sans motiver son opinion que les actions préjudicielles « *in rem esse videntur* », et encore son affirmation n'est-elle pas catégorique. Ce « *videntur* » a souvent arrêté les commentateurs ; selon Keller, il prouverait simplement qu'on avait hésité pour certains *præjudicia* (7).

A notre avis, il ne faut pas attacher trop d'importance à ce « *videntur* » ; il n'est guère que la manifestation d'un scrupule du rédacteur des Institutes, qui, après avoir déclaré que la classification des actions *in rem* et *in personam* embrassait toutes les actions (8), s'est cru obligé d'y ranger les actions préjudicielles. Ce scrupule était, il est vrai, bien inutile, puisqu'ailleurs Justinien lui-même s'est infligé un démenti en

---

(6) L'un de ces passages est celui qui a été déjà cité sous la note 4 : « *actionis verbo continetur in rem, in personam, directa, utilis, sicut ait Pomponius* » (l. 37, pr. D. 44, 7). L'autre passage est moins probant : « *non solum autem si actio..... sed et præjudicium, vel interdictum* » (l. 35, § 2, D. 3, 3). En effet on a vu plus haut sous la note 4 que le même auteur faisait rentrer les interdits dans les actions (actionis verbo continentur).

(7) Keller, *loc. cit.*, § 87, p. 421.

(8) « Omnium actionum..... *summa divisio* in duo genera *deducitur : aut enim* in rem *sunt aut* in personam » (§ 1, Inst. IV, 6).

admettant la compensation des actions réelles, personnelles ou autres (9). Aussi certains auteurs voient-
ils dans le « *videntur* » une seconde contradiction, et
déclarent-ils que Justinien « reconnaît implicitement
que les *præjudicia* ne constituent pas non plus de
véritables actions réelles, car une ressemblance n'est
pas une identité (10) ». Nous repoussons, quant à
nous, cette explication qui a le mérite trop facile de
couper court à toute discussion ; et nous croyons que
le rédacteur des Institutes, plus catégorique au fond
qu'en apparence, a reconnu aux *præjudicia* un caractère réel. Il suffira, pour s'en convaincre, de se rap-
peler qu'à l'époque de Justinien les seuls *præjudicia*
qui subsistaient dans la pratique concernaient le *status* (11) ; à ceux-là seuls ont fait allusion les auteurs
des Institutes, et, dans leur désir de faire rentrer coûte
que coûte les *præjudicia* dans une des deux catégories,
ils ont remarqué que les qualités qui constituent l'é-
tat des personnes sont des droits absolus, des droits
réels dans la plus large acception du mot ; que la
formule de l'action était à l'image du droit, et absolue
dans ses termes : or ce caractère absolu de la formule
sans aucune mention de personne obligée n'est autre,
dans la pure tradition du droit romain, que la carac-

(9) « *Actiones... sive* in rem *sive* personales *sive* alias quascum-
que » (§ 30, Inst. IV, 6).
(10) Accarias, *Précis de droit romain*, t. II, § 800.
(11) § 1, Inst. IV, 6. — Cf. *infrà*, chap. II, sect. I, p. 39.

téristique extérieure de l'action réelle (12). Tellé était sans aucun doute la théorie que l'on enseignait dans les écoles de Justinien, théorie essentiellement fausse au point de vue moderne et même au point de vue romain, abstraction faite de la physionomie extérieure de l'action ; car l'état d'une personne ne fait pas partie de son patrimoine ; et les biens seuls du patrimoine sont susceptibles de faire l'objet d'un droit réel ou d'un droit de créance, et par conséquent d'une action réelle ou personnelle (13).

On en a pourtant fourni une explication assez scientifique (14) ; mais elle vise surtout la classe de *præjudicia* qui est étrangère à notre sujet. Cette explication a pour point de départ le passage célèbre (15) où Gaius, mentionnant la division en actions *in rem* et *in personam*, et faisant allusion, pour la combattre, à une doctrine qui aurait compté quatre classes d'actions, d'après les genres de *sponsiones* : — *in rem* — *in personam* — *per sponsionem præjudicialem* — *per sponsionem pœnalem*, — ajoute que les partisans de cette doctrine ne se sont pas aperçus qu'ils élevaient

(12) Gaius, IV, 87.

(13) C'est tout au plus si l'on peut accorder le caractère réel à la *causa liberalis*, en ce sens qu'elle contient une question de propriété; et encore ne s'agit-il pas plus d'un état, d'une qualité, que d'une question de propriété, dans le cas surtout de la *proclamatio in libertatem* ? — D'ailleurs Justinien n'avait pas plus en vue le procès de liberté que les autres procès relatifs à l'état.

(14) Keller, *loc. cit.*, § 87, p. 421, n. 1092.

(15) Gaius, IV, 1.

à la dignité de genres de simples espèces d'actions :
« *non animadverterunt quasdam species actionum inter genera se rettulisse* ». Le jurisconsulte aurait en-
tendu par là que la *sponsio pœnalis* rentrait dans la
classe des actions *in personam*, que la *sponsio præjudicialis* rentrait dans celle des actions *in rem*. Keller
ajoute qu' « il est d'autant plus porté à se ranger à
cette opinion, que depuis l'introduction des *formulæ
præjudiciales*, la *sponsio præjudicialis*, quand elle avait
lieu, trouvait son application surtout dans les actions
ayant pour objet la poursuite d'un droit de propriété,
d'hérédité, de servitude et autres semblables ».

Mais cette explication a le tort de reposer sur une
interprétation du passage de Gaius, qui n'est pas très
solidement établie : on est loin d'être d'accord sur
les quatre espèces d'actions que distinguaient ceux
dont Gaius combat l'opinion (16). Si l'on admet avec
Polenaar que les actions visées étaient : 1° *in rem per
formulam petitoriam* ; — 2° *in rem per formulam
præjudicialem* ; — 3° *in personam per formulam
præjudicialem* ; — 4° *in personam per formulam sponsionis pœnalis*, — la fusion en deux groupes indiquée
par Gaius aurait fait deux classes de *præjudicia*, les
uns *in rem*, les autres *in personam*. Enfin si l'on

____

(16) Cf. Gaius, éd. Ernest Dubois, note 3 sous le § 1 du Comm. IV.
Polenaar, éd. de Gaius, 1876. Heffter, dans le *Corpus juris civilis
antejustinianei* (Bonn, 1830). Huschke, éd. de Gaius, dans *Juris-
prudentiæ antejustinianæ quæ supersunt* (Leipzig, 1861).

adopte les solutions de Heffter et de Huschke, on a encore plus de peine à admettre l'explication de Keller.

Nous sommes, pour notre part, tout disposé en présence du silence d'Ulpien, et malgré l'affirmation, si hésitante dans la forme, si hardie dans le fond, de Justinien, à croire que tout au moins à l'époque classique les *præjudicia* restaient en dehors de cette classification. Bien avant Justinien, la *summa divisio* des actions était devenue inexacte. Et si, au temps des *legis actiones*, on pouvait opposer à l'action *in rem per sacramentum* toutes les autres actions comme *in personam* ; si, au début du système formulaire, la *summa divisio*, reposant sur un critérium un peu différent, selon que l'objet de l'action était ou non fondé sur une obligation, a pu régner en maîtresse, elle dut perdre à la fois sa justesse et son autorité du jour où l'on se mit à englober sous la dénomination générale d'actions les interdits, les stipulations prétoriennes, les *restitutiones in integrum* (17). Les *præjudicia* étaient des actions ; mais on n'avait pas à leur assigner un rang parmi les actions *in personam* et *in rem*.

La question est du reste de celles qui dans un avenir prochain ne se discuteront plus ; on peut dire que c'est là une controverse d'école, dénuée d'intérêt pratique. Les *præjudicia* avaient leurs règles propres ;

(17) Cf. Keller, *l. c.*, § 87, p. 421.

peu importe qu'ils y fussent soumis comme actions réelles ou comme actions personnelles (18).

SECTION II. — Domaine et cas d'application des præjudicia de statu.

Selon la définition de Keller rapportée ci-dessus, les plaideurs recouraient aux *præjudicia*, « soit pour servir dans un procès, soit pour tout autre but ». En fait, les cas d'application des instances préliminaires devaient être fort fréquents : il arrivait souvent que des questions d'ordre divers concernant l'état, se trouvant soulevées concurremment avec l'objet principal du procès, la constatation judiciaire préalable de cet état devenait nécessaire ; en un mot, on était en présence d'une question préjudicielle, et le préteur ordonnait de surseoir, jusqu'à ce que la question d'état eût été tranchée.

Mais, en dehors même de tout procès, les *præjudicia* avaient aussi leur raison d'être comme instance principale et indépendante (19) ; et, si l'on considère par exemple le nombre et la variété de condition des habitants de l'empire, l'on comprendra aisément que

(18) A un autre point de vue, il y avait des *præjudicia* civils et prétoriens ; le paragraphe 13, Inst. IV, 6, ne laisse aucun doute à cet égard. Cf. *infra,* chap. II, sect. I, p. 40 et suiv.

(19) Ici le *præjudicium* ne répondait plus exactement à son sens étymologique.

des individus eussent intérêt, abstraction faite de tout débat, à faire constater leur condition, puisque de cette condition même découlaient leurs droits et dépendaient leurs obligations.

Le droit romain était sous ce rapport plus favorisé que notre législation, puisqu'il est chez nous impossible à un individu de faire reconnaître *in rem*, d'une manière absolue, sa nationalité.

Que si l'on étudie les différents cas où le *præjudicium* pouvait servir dans un procès, l'on s'aperçoit qu'il intervenait le plus souvent à l'occasion d'un intérêt pécuniaire (20), qui était comme un corollaire de la question d'état : par exemple, un individu recherchera son état, ou un autre viendra le lui contester, en vue de réclamer ou de refuser une pension alimentaire. Mais un intérêt pécuniaire était-il nécessaire, ou suffisait-il d'un intérêt moral pour autoriser l'exercice de l'action ? Aucun texte ne s'est exprimé à cet égard d'une manière explicite : nous ne possédons guère qu'un fragment d'Ulpien relatif au *præjudicium de ingenuitate*, et dans lequel le jurisconsulte, après avoir examiné les causes qui peuvent faire engager un *præjudicium*, déclare qu'il peut être engagé « *sine ulla causa* » : « *sive operæ petantur, sive obsequium desideretur, sive etiam famosa actio intendatur, sive in jus vocetur qui se patronum dicit, sive*

(20) L. 2, C. *de ordine judiciorum*, 3, 8.

nulla causa interveniat, redditur præjudicium (21) ».
On peut sans inconvénient généraliser la portée de ce
fragment, l'étendre à tous les *præjudicia de statu*, et
même en conclure beaucoup plus que n'ont fait jusqu'ici les interprètes (22) : « *sive nulla causa interveniat* » vise plus que l'absence d'intérêt moral, car
Ulpien vient de dire plus haut « *sive obsequium desideretur* » ; or, si la *reverentia* envers le patron se tra-
duisait en certaines obligations pécuniaires, elle con-
tenait une bien plus large part d'obligations purement
morales ; le jurisconsulte se serait donc répété, si l'on
traduit « *sive nulla causa interveniat* » par « pour un
simple intérêt moral ». La traduction littérale de ce
passage est la vraie, à notre avis : cela revient à dire
qu'en dehors de tout intérêt immédiat on peut faire
constater en justice son état ou celui d'un tiers, en
prévision de circonstances qui pourraient plus tard se
présenter.

Quoi qu'il en soit, l'on recourait le plus souvent
aux *præjudicia* en vue d'un procès ultérieur. Plus
d'une fois les textes ont mis en lumière cette utilité,
cette nécessité même des décisions préalables ; mais
nulle part ils ne l'ont démontrée avec autant de force
que dans les rapports du civil et du criminel (23).

(21) Ulp. l. 38, *ad edictum*, l. 6, D. 40, 14.
(22) Accarias, § 795.
(23) Cf. surtout au Code : lois 1, 3, 6, livre 7, titre 19. — l. 26,
C. 9, 9.

L'impression qui ressort de ces divers textes est que les questions d'état devaient faire l'objet d'une instance préalable, toutes les fois que leur solution avait chance d'influer sur le caractère du fait incriminé, ou sur la nature de la peine. On sait en effet que l'auteur d'un acte criminel, qui changeait de condition dans l'intervalle du crime à la répression, devait subir la peine dont il aurait été passible s'il était resté dans sa condition première ; c'est ainsi que, esclave au moment du crime, mais devenu libre postérieurement, il subissait le châtiment réservé aux esclaves (24) ; ou bien, homme libre, il ne pouvait être puni pour un crime dont il se serait rendu coupable envers un faux patron. La connaissance de l'état du coupable ou du prévenu au moment de l'accomplissement de l'acte criminel ou incriminé offrait donc un intérêt capital, et devait être tranchée avant tout jugement.

Le Digeste mentionne toutefois une exception au principe (25). Un texte de Marcien suppose qu'un esclave, affranchi par testament, se plaint en justice de la suppression du titre qui lui a conféré l'état d'homme libre ; et il autorise l'esclave à agir contre son maître, sans instance préalable sur son état. C'est que la règle ordinaire aurait apporté un obstacle au procès en suppression, puisque l'esclave ne pouvait justifier de

(24) L. 1, pr., § 1 et 2, D. 48, 19
(25) L. 7, D. 48, 10.

son affranchissement, qu'en faisant la preuve du fait
de suppression ; or, en cette matière, la législation
romaine se montrait fort libérale envers l'esclave, puisqu'elle l'admettait à poursuivre son maître sur un
simple dire (26).

Nous n'avons envisagé jusqu'ici que l'hypothèse
d'une personne vivante réclamant un état, ou faisant
valoir un état qu'on lui contestait. Mais on peut aussi
supposer des procès engageant l'état d'une personne
décédée ; jusqu'à quel point et sous quelles formes
cet état pouvait-il être mis en question ?

Un point certain, c'est que l'état d'un mort ne devait jamais faire l'objet principal d'une action. Plusieurs textes du Code ne posent pas le principe, mais
le présupposent, par cela même qu'ils autorisent le
juge d'une question d'hérédité à connaître de l'état du
défunt ; il en est même un qui, plus explicite, oppose
l'action principale, qui n'est pas admise, (*etsi super
status causa cognoscere non possit*) à la question d'état
incidente, dont le juge peut connaître, parce que c'est
une dépendance du procès qui lui est soumis : « *pertinet enim ad officium judicis, qui de hereditate cognos-*

____

(26) L. 53, D. 5, 1. — Hermogénien, énumérant les cas excep-
tionnels où les esclaves étaient admis à se présenter en justice
comme adversaires de leur maître, s'exprime dans ces termes :
« *Si qui suppressas tabulas testamenti* dicant, *in quibus libertatem
sibi relictam* asseverant ».

cit, universam incidentem quæstionem, quæ in judicium devocatur, examinare, quoniam non de eâ, sed de hereditate, pronuntiat (27) ».

L'état d'un individu décédé ne pouvait donc jamais faire l'objet principal d'un *præjudicium* ni d'une autre action ; on ne le mettait donc en question qu'incidemment dans un *præjudicium*. On a dit aussi que, dans ce cas, l'action ne portant pas directement sur l'état du mort, « la décision à laquelle il donnait lieu ne pouvait figurer que dans les motifs, et non dans le dispositif de la sentence (28) ». Mais ce sont là des expressions modernes, dont nous ne comprenons pas très bien la portée en droit romain.

Cette législation, déjà si rigoureuse et si préjudiciable aux intérêts des parents du défunt, fut encore aggravée par Nerva (29), qui établit une sorte de prescription de l'action relative à l'état d'un individu défunt, en interdisant toute contestation même incidente relative à cet état, lorsque la mort remonterait à plus de cinq ans, à condition toutefois que le défunt en eût eu de son vivant la possession constante. Cette sorte de prescription devait avoir son origine dans les sentiments de respect pour les morts (29), qui furent

(27) L. 1, C. 3, 8. — Cf. plus bas les règles de compétence, à la section III. — Voyez aussi une solution analogue dans la loi 3, C., 7, 21.

(28) Accarias, § 795.

(29) L. 4, D. *ne statu defunctorum*, l. 40, t. 15. — Cf. loi 1, pr.

l'un des traits les plus saillants de la religion romaine,
et qui se reflétaient dans les institutions juridiques ;
la preuve en est que, de l'aveu même des jurisconsultes, on faisait en pratique une brèche importante à
la règle introduite par Nerva, lorsqu'il s'agissait de
faire attribuer en justice au défunt un état meilleur
(*honestiorem statum*) que celui dont il avait la possession apparente en mourant (30) : « *etsi quis in servitute moriatur, post quinquennium liber probari po-
test* ».

SECTION III. — Règles de compétence.

Les actions relatives à l'état suivaient-elles la condition des autres instances, ou étaient-elles soumises
à des règles spéciales de compétence et de procédure ?
question des plus obscures, et sur laquelle les textes
ne nous donnent que des renseignements de détail.

Dans le très ancien droit, les questions d'état sem-
blent avoir été réservées surtout aux centumvirs (31) ;

ibid. — Une autre raison a été donnée de la rigueur de cette législation : la difficulté de preuve. Mais comment expliquer alors
les atténuations de la pratique auxquelles nous faisons allusion
plus bas ?

(30) L. 3, D. 40, 15. — Cf. l. 1, § 3, *ibid.*

(31) En ce sens, Bonjean, *des Actions*, I, 66. — Maynz, *Eléments de
droit romain*, § 36. — Cf. Cicéron *de Oratore*, I, 38 « *jactare se causis centumviralibus, in quibus usucapionum*, tutelarum, gentilitatum,
alluvionum...., nexorum, mancipiorum..., *testamentorum ruptorum*

mais cette compétence était loin d'être exclusive, puisque le demandeur avait le droit d'opter entre leur juridiction, celle des décemvirs (32), et peut-être aussi
celle des *recuperatores* (33). A cette époque, c'est-à-dire
sous les *legis actiones*, les procès relatifs à l'état ne

aut ratorum, ceterarumque rerum innumerabilium jura versentur ».
Contra, Baron, *Geschichte des rœmischen Rechts, erster Theil, Institutionen und Civilprozess*, considère les centumvirs comme incompé-
tents. — Selon M. Chénon (*Tribunal des centumvirs*, p. 76-81, et
en particulier p. 80), la compétence des décemvirs en matière de
liberté et de cité aurait exclu celle des centumvirs : le tribunal de
la Lance n'aurait connu que des questions du droit de famille
dans leurs rapports avec le droit successoral, comme la tutelle ou
l'agnation. Cette opinion, qui est contredite par le texte du *de
Oratore* cité plus haut, (*nexorum, mancipiorum... ceterarumque rerum innumerabilium*) se rattache au système de Bethmann-Holweg
(*Ueber die Competenz des centumv. Gerichts*), restreignant la compétence des centumvirs aux *vindicationes* du vieux droit civil ;
elle se fonde aussi sur l'inutilité du double emploi de tribunaux
permanents appelés à connaître des mêmes causes. Mais ce dernier argument a peu de valeur, lorsque l'on voit souvent accorder
aux parties un droit d'option entre deux tribunaux différents pour
la même question. Cf. *infrà*, n. 41.

(32) Cic. *pro Cæcina*, 33, « *quum Arretinæ mulieris libertatem de-
fenderem... decemviri prima actione non judicaverunt ; postea, re
quæsita et deliberata, sacramentum nostrum justum judicaverunt* ».—
Cic. *pro domo*, 29. « *Quin etiam si decemviri sacramentum in libertatem injustum judicassent, tamen quotiescumque vellet quis, in
hoc genere solo rem judicatam referre posse voluerunt* ». La compétence des *decemviri litibus judicandis* ne semble pas s'être étendue en dehors des questions de liberté et de cité (Chénon, *l. c.*,
p. 24). — D'après une opinion isolée, (Belot, *Histoire des chevaliers
romains*, p. 218, les *decemviri litibus judicandis* auraient jugé en
premier ressort toutes les questions d'état civil, qui seraient ensuite venues en appel devant les centumvirs. Cette opinion n'a
pas de fondement dans les textes (Chénon, *ibid.*).

(33) Cic. *divinatio in Cæcilium*, 17.

faisaient pas encore l'objet de *præjudicia*, puisque les affaires instruites devant les centumvirs étaient soumises à la procédure du *sacramentum* (33 *bis*).

Cette compétence des centumvirs survécut-elle au système des *legis actiones*? Nous avons bien des raisons d'en douter : d'abord rien ne porte à croire que, sous le système formulaire, il y ait eu en notre matière une exception à l'*ordo judiciorum privatorum* (34) ; puis on sait qu'à l'époque classique les *centumvirales causæ* ne comprenaient plus que les causes concernant les successions, et tout spécialement les exhérédations et les omissions (35) ; et même, à partir d'Auguste, les centumvirs n'eurent plus aucune espèce de compétence exclusive (36). Il y a donc tout lieu de penser qu'à l'époque impériale les questions d'état

(33 *bis*) Cf. Chénon, *Tribunal des centumvirs*, p. 81. — Quintilien parle bien de *præjudicia* dans les *causæ centumvirales* ; mais le mot ne désigne pas alors les instances relatives à l'état, mais bien le *préjugé* résultant d'un premier vote émis par une des sections du tribunal des centumvirs, lorsque les autres sections demandaient l'*ampliatio*, c'est-à-dire un plus ample informé, et une réunion de toutes les sections (Cf. Chénon, *l. c.*, p. 34-40).

(34) En ce sens, Bonjean, I, p. 66. — Maynz, I, § 38.

(35) May, t. II, § 405. — Point néanmoins contesté par Vlassak, *Rœmische Prozessgesetze*, I, p. 220 et suiv.

(36) Vlassak, *l. c.* II, p. 292. Il est vrai que la décadence des centumvirs au début de l'empire ne fut que temporaire, et qu'à l'époque de Tacite (*Dial. des Orat.* 38) et de Pline le Jeune (*Epist.* V. 8, — I, 18) leurs audiences furent des plus brillantes et des plus suivies (cf. Chénon, *Tribunal des Centumvirs*, p. 40), mais cela ne prouve rien en faveur d'une compétence exclusive. *Contrà*, Chénon, *l. c.*, p. 62.

ne donnaient plus lieu qu'à la délivrance d'une formule préjudicielle (37). Suétone nous apprend que Flavia Dimitilla, épouse de Vespasien, avait été déclarée ingénue et citoyenne romaine dans un *recuperatorium judicium* (38). Mais la compétence des *recuperatores* ne devait pas exclure celle d'un juge unique (39). En effet le passage de Suétone n'a trait qu'à l'ingénuité et au droit de cité, et les deux fragments de Paul au Digeste (40), souvent invoqués contre nous, ne se réfèrent qu'au procès de liberté ; d'ailleurs ils ne s'occupent que des difficultés qui pourraient surgir au moment du vote au cas de pluralité de juges, sans laisser supposer qu'un juge unique soit incompétent ; et les juges dont ils parlent sont appelés *judices*, et non *recuperatores*. Enfin, puisque nous savons qu'en d'autres matières (41) les parties avaient un droit d'option, pourquoi n'auraient-elles pas été autorisées ici au même choix ?

Quant aux magistrats devant lesquels se déroulait la première partie de l'instance, c'étaient le préteur

---

(37) En ce sens, Accarias, t. II, § 736.

(38) Suètone, *Vie de Vespasien*, ch. 3, « *Inter haec Flaviam Dimitillam duxit uxorem, Statilii Capellæ equitis Romani Sabratensis ex Africa delegatam olim, Latinæque conditionis, sed mox* ingenuam et civem romanam recuperatorio judicio pronunciatam, *patre asserente Flavio Liberale....... »*

(39) *Contra*, Accarias, t. II, § 737.

(40) L. 36, 1. 38, D. *de re judic.* 42, 1.

(41) En matière d'interdits et de délit d'injure. Cf. G. III, 224, IV, 141.

et peut-être aussi les consuls : en tout cas Papinien
indique ces derniers pour la *proclamatio in ingenuitatem* (42).

Sous le système de la procédure extraordinaire, les
procès concernant l'état subissaient la loi commune
et étaient tranchés par un magistrat qui faisait en
même temps fonction de *judex*.

Nous n'adoptons donc pas, on le voit, la théorie
d'après laquelle il y aurait eu lieu dans notre matière
à *cognitio extra ordinem* dès le système formulaire.
Dans un débat sur la puissance paternelle s'agitant
directement entre le *paterfamilias* et le *filiusfami-
lias*, c'était au magistrat de prononcer (43), mais pour
des motifs tout spéciaux : il ne pouvait y avoir de
procès entre le père et le fils qui était sous sa puissance (44) ; et le *præjudicium* n'eût été possible, que
si le fils de famille avait eu un *adsertor* semblable à
celui du procès de liberté, *adsertor* dont rien ne laisse
soupçonner la présence (45). Il y avait donc là un acte
de juridiction plus gracieuse que contentieuse, exigé

(42) L. 4, D. *si ingenuus* 40, 14. « *Oratio quæ prohibet apud*
consules *aut* praesides provinciarum post *quinquennium a die ma-
numissionis* in ingenuitatem proclamare, *nullam causam aut personam excipit* ».

(43) L. 8, D. 22, 3, « *si filius in potestate patris esse neget*, prætor cognoscit ». — Cf. Accarias, t. II, § 795, note.

(44) L. 7, D. 44, 7. « *Actiones adversus patrem filio præstari non
possunt*, dum in potestate ejus est filius ». — Cf. aussi l. 4, D. 6, 1.

(45) Et encore l'exception n'était-elle pas rigoureuse et absolue,
puisque la loi 1, § 2, D. 6, 1 dit, en parlant des fils de familles :
« *petuntur... aut* præjudiciis, *aut interdictis, aut cognitione præ-*

par les circonstances. Mais en dehors de cette exception, ou d'autres analogues et fondées également sur un rapport de puissance, nous n'admettons pas qu'il y ait eu vers la fin de l'époque classique des cas de *cognitio extra ordinem* en matière d'état.

On a cru pourtant en trouver la preuve dans un texte du Code : la loi 7 au titre *ne de statu defunctorum* suppose qu'un individu, qui vivait comme libre de naissance, a été réclamé par le fisc comme son esclave, et que le débat a été porté devant le *procurator reipublicæ* ; et elle ajoute qu'il aurait dû être soumis au *præses provinciæ*, qui statue d'ordinaire sur ces sortes de contestations (46). Or, dans les provinces, le rôle de *præses* en matière civile n'était guère différent de celui du préteur à Rome (47) ; c'est donc que le préteur et les présidents de province avaient pris l'habitude de juger eux-mêmes les procès d'état. Mais ce texte étant un rescrit du temps de Dioclétien, tout porte à croire qu'il est postérieur à l'introduction du système de la procédure extraordinaire, ou tout au moins qu'il date du temps où ce système était devenu un état de fait avant d'avoir été consacré législativement ; mais où voit-on la preuve qu'auparavant, et vers la fin du droit classique, il y ait eu là un cas de

toria ». — Pour les distinctions à faire, cf. *infra* le passage relatif au *præjudicium de patria potestate*, chap. II, sect. II, p. 72 et s.

(46) L. 7, C. 7, 21 « *præsidem provinciæ*, qui super hujus modi quæstionibus judicare solet ».

(47) L. 10, D. 1, 18.

cognitio extra ordinem légalement reconnu? D'ailleurs
ce rescrit n'a pas la portée qu'on lui attribue d'ordinaire : il n'oppose pas le cas où le magistrat doit statuer à celui où il doit renvoyer à un juge ; en face du
præses, il ne met pas le *judex*, mais bien le *procurator*, l'agent du fisc ; c'est ce dernier qu'il déclare incompétent ; il n'a donc pas la prétention de formu-
ler une règle de droit sur laquelle on puisse fonder
une théorie de la compétence.

Un rescrit de Sévère vient d'ailleurs combattre l'argument que nos adversaires prétendent tirer de celui
de Dioclétien. Il suppose qu'un testament est *ruptum*
par l'agnation d'un fils. La question d'état soulevée
au procès, dit l'empereur, n'empêchera pas le magistrat d'examiner l'affaire, bien qu'en principe il
soit incompétent dans ces matières. « Il rentre en
effet dans l'office du juge, alors qu'il est appelé à juger une question principale d'hérédité, d'examiner
toutes les questions incidentes qui peuvent surgir
dans la cause ; car, en résumé, ce n'est pas sur ces
questions d'état qu'il statue, mais bien sur la liberté
elle-même (48) ». Suivant certains auteurs (49), ce

____

(48) L. 1, C. *de ordine judiciorum*, 3, 8. — «... *Neque impedit
notionem ejus, quod status quæstio in cognitionem vertitur, etsi super status causa cognoscere non possit, pertinet enim ad officium judicis, qui de hereditate cognoscit, universam incidentem quæstionem,
quæ in judicium devocatur, examinare, quoniam non de ea, sed de
hereditate, pronuntiat*.

(49) Savigny, *System des rœmischen Rechts*, trad. Guenoux, t. VI,
p. 446 et suiv. — Griolet, *Chose jugée*, p. 52-53.

rescrit serait d'une époque où le *præses* (et, à Rome,
le préteur) devait prononcer lui-même et sans *judex*
dans les procès d'état, tandis que les autres procès,
comme la *petitio hereditatis*, étaient renvoyés devant
un *judex* : — distinction qui est loin d'être prouvée.
Et ces auteurs expliquent le rescrit de Sévère comme
si, dans une phrase qui aurait été omise par les rédacteurs ou par les copistes, il était exposé qu'on avait
demandé au *præses*, non pas de statuer lui-même,
mais de donner un *judex* pour la question d'état. Les
mots « *etsi super status causa cognoscere non possit* »
viseraient le *judex* qui serait incompétent pour statuer principalement sur la question d'état ; « l'inca-
pacité ne porte pas sur le *præses*, mais sur le *judex*
nommé par lui pour connaître de la pétition d'hérédité (50) ». Mais à quoi bon imaginer cette omission
dans le texte du rescrit, alors que l'explication du fragment est si facile dans l'état où il nous est parvenu ?
L'empereur dit simplement que le *præses* est incompétent pour juger les questions d'état (50 *bis*). Que si
l'on oppose le rescrit de Dioclétien à celui de Sévère,
nous répondrons que ce dernier est antérieur de beaucoup à la réforme de la procédure, qui s'est accomplie

---

(50) Savigny, *l. c.*, p. 448, note *v.*

(50 *bis*) On a vu plus haut (chap. I, sect. III, p. 19 et s.) que dans
l'espèce il s'agit de l'état d'un mort, et que cet état ne pouvait
être discuté d'une manière principale. Le rescrit parle donc en
même temps d'incompétence « *ratione materiæ* ».

dans le long intervalle qui sépare les deux empereurs, et beaucoup plus près de celui-là que de celui-ci : cela revient donc à dire que, sous le système formulaire, les procès relatifs à l'état ne faisaient pas l'objet de *cognitiones extra ordinem* (51).

SECTION IV. — **Règles de procédure. — Preuve.**

La procédure des instances relatives à l'état des personnes a varié avec les différents systèmes. Nous l'envisagerons successivement sous les *legis actiones* et sous le système formulaire.

Sous les *legis actiones*, les questions d'état s'engageaient certainement sous la forme du *sacramentum*. C'était en effet la procédure de droit commun (52), procédure qui donnait à toutes les actions un caractère préjudiciel, puisque tous les procès y prenaient la forme d'une gageure : le *sacramentum* de X. est-il ou non *justum* ? Le fond du débat n'était tranché que par un moyen indirect et préjudiciel. Les principes donnent donc à l'usage du *sacramentum* en cette matière une vraisemblance que les textes viennent confirmer : car Cicéron, dans un passage cité plus haut (53),

(51) Pour la notion du « *prætor de liberalibus causis* », dont Vlassak a soutenu la compétence *extra ordinem*, cf. *infrà*, chap. II, sect. II, p. 58, note 114.

(52) G. IV, 13 « *sacramenti actio* generalis *erat* ».

(53) Cf. plus haut, sous la note 32, le passage tiré du *pro Cæcina*, ch. 33.

nous apprend que telle était la procédure suivie dans la *causa liberalis*. Enfin nous avons vu que les centumvirs étaient compétents en matière d'état, et l'on sait qu'il n'y avait pas d'autre moyen de procéder devant leurs tribunaux ; si bien que, de toutes les *legis actiones*, le *sacramentum* est celle qui a subsisté le plus longtemps dans le peu d'affaires qui restèrent soumises à ces juges au début de l'époque classique (54).

Quant à la *judicis postulatio* et à la *condictio*, elles durent rester étrangères aux questions d'état, la procédure *per judicis postulationem* ayant été introduite en vue de contestations trop compliquées pour se prêter à l'établissement d'un pari, et la procédure *per condictionem* ayant été exclusivement applicable aux procès relatifs aux obligations.

Enfin il ne saurait être question de la *pignoris capio* et de la *manus injectio*, qui étaient des voies d'exécution.

Sous la procédure formulaire, le *præjudicium* s'introduisait par une formule comme toutes les actions ; mais la transition de la procédure du *sacramentum* à la formule préjudicielle ne s'effectua pas brusquement, et il y a tout lieu de penser que les questions d'état furent soumises quelque temps au système intermédiaire qui marque le passage des *legis actiones* au système formulaire. De même que, pour la reven-

____

(54) Cf. May, t. II, p. 452.

dication (55), les deux procédures *per sponsionem* et
per formulam petitoriam vinrent se substituer successivement à celle du *sacramentum*, de même, en matière d'état, cette dernière procédure dut se voir d'a-
bord remplacer par la procédure *per sponsionem*, puis
par la procédure *per formulam præjudicialem* (55 *bis*).
A une certaine époque, on en vint à ne plus demander si le *sacramentum in ingenuitatem* de Titius était
justum ou *injustum*, mais on posa à l'adversaire, au
prétendu patron, la question suivante : « *si ego Titius ingenuus sum, sestertios* XXV *nummos dare spon-
des?* », simple expédient qui permettait au juge de
statuer sur l'état d'ingénuité de Titius, sans que le
gagnant pût exiger la somme promise, dans la *sponsio
mere præjudicialis*, mais aussi vrai moyen de parvenir
à une condamnation à la perte de la *summa sponsionis*
dans la *sponsio pœnalis*. Puis on arriva à une formule
directe, qui, si elle n'abrogea pas la procédure *per
sponsionem*, en rendit du moins l'usage de plus en
plus rare (56). Ce ne sont là que des conjectures, mais
elles sont rendues fort vraisemblables par la marche

(55) G. IV, 92, 93.

(55 *bis*) Cette dernière expression n'est pas employée dans les
textes.

(56) Cf. Keller, § 38, p. 167. — *Contrà*, Bekker (*Actions*, I, p. 283,
n. 28) n'admet pas qu'il ait été procédé *per sponsionem* pour la
liberté, sous prétexte qu'à l'époque de Cicéron la forme en usage
était le *sacramentum* ; mais c'est oublier que le *sacramentum* et la
procédure *per sponsionem* n'ont été en usage que successivement.
Cf. aussi Bulow, *de præj. form.*, n° 24.

parallèle suivie dans les procès de revendication, et aussi par ce que les auteurs nous rapportent de l'usage de la *sponsio*.

Il résulte en effet de témoignages divers de Cicéron, de Tite-Live, d'Aulu-Gelle et de Valère Maxime, pour ne citer que les exemples les plus curieux, que « l'emploi des *sponsiones*, dans la procédure, était en parfait accord avec un usage très répandu dans les habitudes de la vie sociale, qui consistait à engager une *sponsio* sur toutes sortes de faits et de rapports, *non seulement juridiques*, et tenant soit au droit public, soit au droit privé, *mais même simplement moraux et en dehors du droit, dès qu'on croyait avoir un intérêt quelconque à faire décider par un juge le point en question* (57) ». C'est ainsi que Valère Maxime nous apprend que deux personnages qui occupaient à Rome une haute situation, se disputant le mérite d'une victoire navale et par suite les honneurs du triomphe, eurent recours à la voie de la *sponsio* pour trancher leur différend (58). D'après Tite-Live, Caton l'Ancien, se portant accusateur de L. Quinctius Flaminius dans un de ses discours les plus violents, le somma de se défendre par voie de *sponsio*, s'il ne s'avouait coupa-

____

(57) Keller, *l. c.*, § 26, p. 107 et n. 307.

(58) « *Cum autem Valerius sibi eum (triumphum) quoque decerni desideraret, negavit id fieri oportere Lutatius, ne in honore triumphi minor potestas majori æquaretur : pertinaciusque progressa contentione, Valerius sponsione Lutatium provocavit, ni suo ductu Punica classis esset oppressa. Nec dubitavit restipulari Lutatius. Ita—*

ble (58 *bis*). Mais l'exemple le plus frappant et le plus singulier de cet emploi de la *sponsio* nous a été transmis par Cicéron : c'est celui du chevalier romain M. Lutatius Pinthia, qui s'était engagé à prouver en justice qu'il était honnête homme (58 *ter*). Si la voie de la *sponsio* était ouverte en vue de la constatation d'un fait étranger au droit, ou d'une qualité qui y était également étrangère, il serait bien étonnant qu'elle eût été fermée aux plaideurs, qui désiraient faire valoir en justice non plus de simples faits, non plus de simples qualités, mais les éléments constitutifs d'un état, dont pouvaient dépendre soit immédiatement, soit dans un avenir plus ou moins éloigné, des conséquences juridiques de la plus grave importance.

Si nous passons à la procédure *per formulam præjudicialem*, nous voyons qu'elle se distingue des autres actions par l'absence de *condemnatio* dans la formule,

que judex inter eos convenit Atilius Catalinus ». Valère Maxime (1. II, chap. 8, *de jure triumphandi*). — Cf. Ihering, *Esprit du droit romain*, trad. Meulenaere, t. I, l. I, tit. 1, chap. 1, § 15, n. 120, p. 175.

(58 *bis*) « *In extrema oratione Catonis conditio Quinctio fertur, ut, si id factum negaret, ceteraque, quæ objecisset,* sponsione *defenderet sese...* » Tite Live, liv. 39, chap. 43.

(58 *ter*) « *Fimbriam consularem audiebam de patre nostro puer, judicem M. Lutatio Pinthiæ fuisse, equiti romano sane honesto,* quum is sponsionem fecisset, « ni bonus vir esset », *itaque ei dixisse Fimbriam, se illam rem nunquam judicaturum,...* ». Cic., *De officiis*, III, 19. — Cf. aussi Cicéron, *in Verrem*, III, 57, « *quum palam Syracusis, te audiente, maximo conventu P. Rubrius Q. Apronium* sponsione lacessivit, « Ni Apronius dictitaret te sibi in decumis esse socium » ; — et Aulu-Gelle, *Noct. att.*, VII, 12 *in fine*.

qui ne contient qu'une *intentio* (59). La sentence s'appelle *pronuntiatio* (60). Les seules *adjectiones* que la formule puisse renfermer sont celles qui tendent à écarter l'examen de l'affaire, par exemple l'exception de chose jugée, à l'exclusion de celles qui ont pour but de restreindre la condamnation, puisque la formule n'en contient pas (61).

Quels étaient les termes de l'*intentio*? Un grand nombre d'auteurs (62) lui attribuent la forme suivante : « *Octavius judex esto. Si paret.....* ». Les textes n'ont jamais donné cette formule. C'est pour la première fois dans Théophile (63) que l'on trouve l'*intentio* « εἰ φαίνεται με ἐλεύθερον εἶναι » ; mais Lenel (64) fait remarquer que les Byzantins n'étaient pas très scrupuleux à cet endroit, ce qui est exact, et que d'ailleurs il est fort douteux que la *causa liberalis* ait été dans le droit classique un *præjudicium*, ce qui est moins juste peut-être. Les sources classiques n'ont ja-

(59) G. IV, 44. « ... *Certe* intentio aliquando sola invenitur, sicut in præjudicialibus formulis, *qualis est qua quæritur aliquis libertus sit.., et aliæ complures* ».

(60) L. 8, § 1, D. 2, 4 « ... *vel si quis* præjudicio pronuntietur esse *libertus.*

(61) L. 42, D. 40, 12. Ce dernier texte vise la *causa liberalis.* Cf. plus loin p. 48 et s. la discussion sur la nature de cette instance.— Cf. aussi Keller, *l. c.*, § 38.

(62) Bethmann Holweg, *C. P.*, II, p. 339. Heffter, *ad Gai*, IV, p. 60. — Baron, *l. c.*, p. 402.

(63) Théophile, sous le § 13, Inst. IV, 6.

(64) Lenel, *das Edictum perpetuum, Ein Versuch zu dessen Wiederherstellung*, t. XXI, § 118, p. 249, n. 3.

mais désigné qu'indirectement la question que le juge devait décider (65) ; mais la formule « *si paret* » est bien difficile à concevoir, puisque, en l'absence de condamnation, la phrase resterait sans conclusion. Pour donner à la phrase un sens grammatical complet, l'*intentio* devait prendre la forme d'une interrogation (66) : « *an ingenuus sit* Titius ? *an* Stichus *liber sit?* » et autres formules que nous aurons à déterminer, quand nous étudierons spécialement chacun des *præjudicia*. Rien ne s'oppose à cette forme interrogative, Gaius n'ayant pas dit que toutes les formules commencent nécessairement par « *si paret* » ou par « *quidquid paret* ».

C'est un principe général en matière de preuve que c'est au demandeur à prouver son droit ou les faits qu'il avance (67). A ce principe il n'est pas apporté d'exception dans les instances relatives à l'état des personnes ; la règle conserve donc tout son empire. Or Ulpien a dit : « *generaliter in præjudiciis is actoris partes sustinet, qui habet intentionem secundum id quod intendit* » (68) (dans les *præjudicia*, celui-là joue

<hr>

(65) Gaius IV, 44 ; III, 123 ; — Paul, V, 9, 1 ; — Inst. IV, 6, 1, — mentionnés dans Lenel ; — et aussi Gaius, IV, 44.

(66) En ce sens : Accarias, § 795 ; — Lenel, *l. c.*

(67) L. 2, D. 22, 3. « *Ei incumbit probatio, qui agit, non qui negat* ».

(68) L. 12, D. 44, 2.

le rôle de demandeur, dont les prétentions sont consignées dans la formule). C'est donc à lui de faire la preuve.

Avec le principe « *probatio incumbit ei qui agit* », il faut aussi combiner la règle d'après laquelle le possesseur légitime, exempt de dol, n'est pas tenu de prouver, mais renvoie la charge de la preuve sur celui qui veut le déposséder.

Cela est vrai de la possession d'un immeuble ; cela ne l'est pas moins de la possession d'un état de liberté ou d'ingénuité. La possession d'état donne le rôle de défendeur : à celui qui conteste l'état, de faire la preuve. Un texte d'Ulpien pose cette règle pour la *causa liberalis* (69) ; un autre texte du même jurisconsulte la pose également pour le *præjudicium de ingenuitate* : l'affranchi est-il en possession d'état d'affranchi, c'est à lui de prouver qu'il est ingénu ; est-il au contraire en possession d'état d'ingénuité, c'est au patron à faire la preuve (70). Mais s'il y a possession d'état de mauvaise foi, la charge de la preuve incombe au prétendu homme libre ou au prétendu ingénu (71).

(69) L. 7, § 5, D. 40, 12. « *Et si forte apparuerit, eum, qui de libertate sua litigat, in libertate sine dolo malo fuisse, is, qui se dominum dicit, actoris partes sustinebit, et necesse habebit servum suum probare* ».

(70) L. 14, D. *de probationibus*, 22, 3.

(71) L. 7, § 5, D. 40, 12 « *... Quodsi pronuntiatum fuerit.... in libertate eum.... dolo malo fuisse, ipse qui de libertate sua litigat, debet se liberum probare* ».

Ulpien semble se contredire lui-même dans un autre fragment où il fait retomber en tout cas sur le
patron le fardeau de la preuve (72) ; cette contradiction s'explique en ce que, dans le texte dont il s'agit,
le défendeur ne conteste pas qu'il soit affranchi (*libertum se confitetur*), mais nie être l'affranchi d'un certain patron (*libertum Caii Seii se negat*). Il n'en est
pas moins vrai que, s'il niait absolument être affranchi, la charge de la preuve incomberait à lui ou à son
adversaire, selon qu'il serait en possession d'état d'affranchi ou d'homme libre : la loi 6 *si ingenuus* n'entame donc pas les principes généraux de la preuve
dans tous les procès, qui sont aussi ceux des *præjudicia*.

(72) L. 6, D. 40, 14. « *Sed actoris partibus semper, qui se patronum dicit, fungitur, probareque libertum suum necesse habet, aut,
si non probet, vincitur* ».

CHAPITRE II

DES DIVERS PRÆJUDICIA DE STATU ET DES RÈGLES

QUI LEUR SONT PROPRES.

Nous avons étudié jusqu'ici la nature et les conditions d'existence d'un *præjudicium*, le mécanisme de la procédure qui y était suivie, les règles de compétence auxquelles il était soumis ; en un mot, c'est le type du *præjudicium* classique que nous nous sommes efforcé de retracer. Nous devons maintenant présenter un tableau aussi complet que possible des divers *præjudicia de statu* que le droit romain a connus, et examiner avec soin les particularités qu'ils ont pu présenter.

SECTION I. — Questions diverses relatives à l'ordre d'introduction, au développement historique, et au nombre des præjudicia de statu.

Nous avons déjà dit qu'il y avait deux sortes de *præjudicia* : l'une relative à des questions de pur intérêt pécuniaire, l'autre concernant les questions d'état. Quelle place ces derniers occupaient-ils par rapport

aux autres dans l'histoire générale des *præjudicia* ?
Les ont-ils précédés ? leur ont-ils survécu ?

Avant la découverte du manuscrit de Gaius, on
croyait très généralement qu'il n'y avait pas de *præjudicia* en dehors des questions d'état ; les anciens
auteurs, se fiant au silence des Institutes (73), n'en
connaissaient pas d'autres. Le *præjudicium* était pour
Cujas « *omnis causa status* », et pour Doneau une action « *ad personam pertinens* ». C'était conclure trop
vite d'une énumération qui n'avait rien de limitatif,
que dans le dernier état du droit, et spécialement sous
Justinien, il n'y avait pas de *præjudicia* étrangers aux
questions d'état. D'autre part, Gaius nous a fait connaître l'existence d'une seconde classe fort importante
de *præjudicia*, qui existait à l'époque classique. Quelle
raison de croire que l'une survécut à l'autre, du moment que l'intérêt pratique de toutes deux subsistait,
du moment que nous n'avons pas la preuve d'une
abrogation formelle ? Tout ce que l'on peut induire du
passage des Institutes, c'est que l'usage des *præjudicia
de statu* était de beaucoup le plus fréquent dans les
derniers temps du droit romain.

Si l'on peut avancer que les deux classes de *præjudicia* durent disparaître à peu près en même temps,
il est impossible de déterminer d'une manière précise

---

(73) L. 3, Inst. IV, 6 : « *per quas quæritur, an aliquis liber, vel
an libertus sit, vel de partu agnoscendo* ».

quelle est celle des deux qui a précédé l'autre dans
l'histoire du droit. Pour arriver à ce résultat, il faudrait connaître la date exacte de l'introduction de
chacun des *præjudicia* connus, et les progrès de la
science n'ont pu y parvenir (74).

On n'est guère mieux renseigné sur l'ordre d'introduction des différents *præjudicia de statu* dont on connaît l'existence. Sur ce point, un texte a servi de base
à toutes les recherches : « *Ex quibus*, disent les Institutes, *fere una illa legitimam causam habet, per quam
quæritur an aliquis liber sit : ceteræ ex ipsius prætoris
jurisdictione substantiam capiunt* (75) ». La *causa liberalis* (que Justinien considère comme un *præjudicium*,
remarquons-le en passant) avait donc une *legitima
causa*, ce qui signifie dans le langage des jurisconsultes qu'elle s'engageait primitivement dans la forme
du *sacramentum* (76); plusieurs passages de Cicéron
en font foi (77). On sait d'autre part qu'elle remontait
à une très haute antiquité, plus haut que la loi des
XII Tables, où elle fut insérée par Appius Claudius (78).

(74) M. Accarias (§ 796) incline à croire que les *præjudicia* relatifs à de simples intérêts pécuniaires n'ont pas de racines dans la
législation antérieure au système formulaire ; si cette opinion
était exacte, les *præjudicia de statu* auraient de grandes chances
d'être les plus anciens. Mais M. Accarias reconnaît lui-même que
ce sont de simples conjectures.

(75) § 13, Inst. IV, 6.

(76) En ce sens, Accarias, § 796. Cf. Gaïus, IV, 13-14.

(77) Cf. plus haut, sous la note 32.

(78) L. 2, § 24, D. *de origine juris*. — « *Virginius.... quum ani-*

A cette époque, la *causa liberalis* n'affectait pas la forme d'un *præjudicium* (79); mais il est fort probable que sa haute antiquité lui valut historiquement la première place parmi les *præjudicia* (80); cela est d'autant plus vraisemblable, que Justinien nous représente toutes les autres instances de cette espèce comme des créations prétoriennes. On a beaucoup discuté sur ce fameux : « *ceteræ ex ipsius prætoris jurisdictione substantiam capiunt* ». Ainsi les *præjudicia de ingenuitate* et *de partu agnoscendo* dériveraient de la juridiction prétorienne, et leur introduction serait relativement récente (81), bien qu'ils aient dû répondre de fort bonne heure à de réels besoins pratiques. Nous n'en croyons pas moins que telle a été la pensée de Justinien, et nous rejetons l'opinion d'après laquelle les rédacteurs des Institutes auraient voulu indiquer par là que ces questions appartenaient d'a-

madvertisset Appium Claudium contra jus quod ipse ex vetere jure in duodecim tabulas transtulerat, *vindicias filiæ suæ a se abdixisse.*

(79) Tel est l'avis de Bekker, *Actions*, I, p. 298, pour qui le *præjudicium an servus actoris* n'aurait pas différé primitivement de la revendication par l'absence de *condemnatio.*

(80) Comment a-t-on pu soutenir que le *præjudicium de libertate* n'existait pas au temps de Gaïus ? S'il ne cite que le *præjudicium de ingenuitate* (IV, 44), comme relatif à l'état, c'est à titre d'exemple ; et il a choisi naturellement celui qui devait être le plus fréquent dans la pratique.— En notre sens, Accarias, § 797, en note.

(81) Le *præjudicium de partu agnoscendo* est certainement un des plus récents, puisque son introduction a été provoquée par des sénatus-consultes dont l'un est d'Hadrien: — Cf. *infrà*, chap. II, sect. II, § III.

bord au domaine de la *cognitio extra ordinem*, et que telle aurait été l'origine de tous les *præjudicia* sans exception, en dehors du *præjudicium de libertate* (82). Il est impossible d'adopter ce système, lorsque ceux qui le construisent, loin de l'asseoir sur des bases solides, avouent eux-mêmes ne connaître que des textes qui y apporteraient des exceptions (82 *bis*). Il est donc plus naturel de traduire littéralement, et de reconnaître aux préteurs le mérite de la création de ces *præjudicia* (83).

Quoi qu'il en soit, et quel que soit l'ordre d'introduction des divers *præjudicia de statu*, il n'en est pas moins certain qu'ils ne purent prendre naissance qu'à une époque où l'esprit juridique avait fait d'incontestables progrès. Si l'on se reporte par la pensée à ces temps de civilisation déjà avancée pourtant, où toutes les contestations n'avaient d'autre objet et d'autre but qu'une condamnation pénale, si l'on se souvient qu'à l'origine toutes les actions étaient pénales, et que l'idée même d'une réparation civile ne pénétra que beaucoup plus tard dans l'esprit des Romains, l'on conviendra aisément que ce ne peut être que sous l'influence d'une éducation juridique très

______

(82) Cf. Accarias, § 796.

(82 *bis*) Il semble en effet, de l'aveu de M. Accarias, ressortir de Gaius, I, 134 que les procès *de patria potestate* et autres devaient autrefois se faire dans la forme du *sacramentum*.

(83) En ce sens, Bekker, *Actions* I, 299.

affinée qu'une nation, pratique par excellence, et qui
envisageait surtout l'effet immédiat et pour ainsi dire
matériel d'un acte ou d'une action, parvint à concevoir l'idée d'une instance destinée à la pure constatation d'un fait ou d'un état, abstraction faite de toute
sanction et même en dehors d'une nécessité absolue.
D'autre part, l'usage de la *sponsio mere præjudicialis*,
très répandu pour l'établissement et la constatation de
faits purement moraux (84), à une époque bien antérieure au système formulaire, porterait à croire que
les formules des *præjudicia* relatifs au *status* ne furent
pas des dernières à être délivrées par les préteurs, et
que bien, au contraire, leur introduction dut coïncider
avec la mise en vigueur de la loi *Aebutia*.

Une autre question non moins grave est celle du
nombre des *præjudicia de statu*. Etaient-ils en nombre limité, ou le *præjudicium* formait-il une sorte de
moule, dans lequel on pouvait verser toute action
relative à l'état des personnes ? en d'autres termes,
les Romains pouvaient-ils, sur une question d'état
quelconque, demander une formule préjudicielle,
sans qu'il intervint de *condemnatio* ? C'est un principe
banal à force d'avoir été répété, que les Romains
étaient avares d'actions (85) ; étaient-ils aussi avares

(84) Cf. *supra*, chap. I, sect. IV, p. 32 et suiv.
(85) Cf. deux textes de Pomponius : « ... *quas actiones ne popu-
lus, prout vellet, institueret, certas solemnesque esse voluerunt...* »
(1. 2, § 6, D. *de orig. juris*, I, 2 ; et ailleurs : « *quia actionum non*

de *præjudicia* ? Bekker l'a soutenu (86) pour les deux classes de *præjudicia* : il ne reconnaît pas à côté du *præjudicium quanta dos sit* l'existence d'un *præjudicium quanta hereditas* ou *quantum peculium*, ni parallèlement au *præjudicium de partu agnoscendo* celle de *præjudicia an frater, an consobrina*. Et de fait, s'ils avaient été en usage, serait-il vraisemblable que le nom ne nous en fût pas resté, ou qu'aucune allusion ne nous en fût parvenue? Nous sommes ici dans le pur domaine des conjectures, et nous sommes bien forcé d'avouer que les éléments font défaut pour une solution à peu près certaine. Le résultat d'une étude sur l'origine, sur la durée et sur le nombre des *præjudicia* est presque négatif ; mais on conviendra qu'il n'était pas moins nécessaire d'indiquer quel est à ce point de vue l'état de la science.

On peut du moins présenter un tableau de tous les *præjudicia de statu* dont l'existence est attestée par les sources, tableau complet, suivant les uns, des instances de cette nature qui furent en pratique à Rome, ou, suivant les autres, simple réunion d'exemples des questions d'état qui pouvaient surgir dans la famille ou dans la cité.

Les Instituts en citent trois :
an aliquis liber ;

---

plenus numerus esset, ideoque plerumque actiones in factum desiderantur ».

(86) Bekker, l. 1, p. 285 et suiv., p. 291.

an aliquis libertus ;

de partu agnoscendo.

Il faut y ajouter les *præjudicia* :

an uxor (87) ;

de patria potestate (88) ;

de civitate (89-89 bis) ;

SECTION II. — Étude particulière de chacun des præjudicia de statu.

D'après une classification plus scientifique, inspirée de Bekker, nous étudierons successivement :

1° La *liberalis causa* sous ses trois aspects :

petitio in servitutem ;

proclamatio in libertatem ;

præjudicium an in libertate sine dolo malo fuerit.

2° Le *præjudicium de ingenuitate* sous ses deux formes :

an ingenuus sit ;

an libertus sit.

---

(87) L. 3, § 4, D. 25, 3.

(88) L. 1, § 2, D. VI, 1.

(89) Suétone, *Vesp.*, ch. 3 ; Térence, *Eunuque*, IV, 7, v. 35.

(89 *bis*) Signalons, en passant, d'après Bekker, *l. c.*, t. I, p. 284, les *præjudicia* connus relatifs à un intérêt pécuniaire : 1° *an ex lege Cicereia prædictum sit* ; 2° *an bona jure venierint* ; 3° *quanta dos sit* ; 4° d'après Paul, V, 9, 1 (assez obscur) ; 5° *querela inofficiosi testamenti* ; 6° *querela non numeratæ pecuniæ, non numeratæ dotis.*

3° Le *præjudicium de partu agnoscendo*, le *præjudicium an uxor* ?

4° Le *præjudicium de patria potestate*.

5° Le *præjudicium de civitate*.

§ 1. — Causa liberalis ou liberale judicium ; præjudicium de libertate.

Il est assez curieux que le procès de liberté, qui est celui sur lequel nous possédons le plus de renseignements, soit aussi celui dont la nature même est le plus contestée : pour beaucoup d'auteurs, la *causa liberalis* n'aurait jamais été un *præjudicium* ; nous verrons au cours de cette étude la part de vérité que peut contenir cette opinion.

Les procès sur la liberté conduisaient à des formules différentes, selon que l'*adsertio* était *ex servitute in libertatem* ou *ex libertate in servitutem* (90). En outre était souvent posée au préalable la question de savoir si la possession d'état d'homme libre était exempte de dol : de là une troisième formule.

A. *Proclamatio in libertatem* (91) ; *præjudicium an liber sit.*

Lorsque l'*adsertio* était *ex servitute in libertatem*,

---

(90) Lenel, *E. P.*, § 178.

(91) L'expression « *proclamatio in libertatem* » constitue-t-elle

c'est-à-dire lorsqu'un individu, qui avait la possession d'état d'esclave, demandait à établir judiciairement sa qualité d'homme libre, le procès prenait le nom de *proclamatio in libertatem*, et, d'après l'opinion dominante, le préteur délivrait une formule préjudicielle, qui devait être la suivante : « *an Stichus liber sit ex jure Quiritium* » ? Les expressions « *an liber sit* » sont celles mêmes que les Institutes emploient au paragraphe 13 *de actionibus* ; et, si l'on sait qu'il ne faut pas tenir compte des mots εἰ φαίνεται rapportés par Théo-

dans les Pandectes une interpolation du temps de Justinien, ou date-t-elle de l'époque classique ? — Elle a paru suspecte à Gradenvitz (*Interpolationes*, p. 101).— Vlassak (*Zeitschrift de Grünhut*, t. XIX, p. 716) en affirme l'exactitude, tout en lui attribuant un sens très nouveau (cf. *infra*, p. 62 et n. 126). En effet, l'expression *proclamare in ingenuitatem* est très classique ; et Plutarque (*Vie de Cicéron*, ch. 27, 3) met dans la bouche de Cicéron, à propos du procès de liberté, un jeu de mots sur l'expression ἀναφωνεῖν, qui correspond exactement à *proclamare* ; cela prouve bien que tel était là le mot de la langue pratique courante vers la fin de la république. — Vlassak invoque aussi la loi 6, C. Théod., IV, 8, où l'on trouve 2 fois le mot *adsertio* dans les §§ 2 et 3, une fois le mot *adsertor* dans le § 5, et dans l'intervalle, au § 4, le mot *proclamare* dans la locution *proclamare in libertatem* ; le paragraphe 4 de cette constitution se retrouve mentionné textuellement au C. de Justinien (l. 3, pr. VII, 18), et à cet endroit tout au moins on ne saurait nier l'exactitude de la citation. — Nous rejetons avec Schlossmann (*Savigny Stiftung*, t. XIII, p. 225-228) un dernier argument de Vlassak tiré des *Epigrammes* de Martial (I, 52) : « *Adsertor venias satis que præstes, — Et, cum se dominun vocabit ille, — Dicas esse meos manuquemissos. — Hoc si terque quaterque clamitaris, — Impones plagiario pudorem* ». « *Clamitaris* » rappellerait le mot *proclamatio* ? — Cet argument est d'autant moins probant que ce n'était pas l'*adsertor* qui faisait la *proclamatio*, puisque celle-ci avait pour objet de trouver un *adsertor* (Cf. *infrà*, p. 62 et note 116).

phile dans sa paraphrase des Institutes (92), les expressions μέ ἐλεύθερον εἶναι n'en viennent pas moins prouver l'existence de cette forme de *liberale judicium*.

Il a paru douteux, dans l'état des sources, sans qu'on puisse le nier absolument (93), que le procès *de libertate*, c'est-à-dire la *proclamatio in libertatem*, ait eu la forme préjudicielle à l'époque classique. Un des arguments le plus souvent invoqués dans ce système est celui que l'on tire du silence même de Gaius, qui ne mentionne pas ce procès parmi les *præjudicia* ; mais cet argument n'aurait de valeur que si l'on savait si Gaius s'était attaché, pour donner des exemples de *præjudicia*, à l'importance du procès ou à sa fréquence dans la pratique. Or, si le procès de liberté était grave, le procès sur l'ingénuité devait être autrement fréquent.

Bien plus probant serait l'argument tiré du vocabulaire même du Digeste, où les extraits des jurisconsultes classiques ne mentionnent pas le procès *de libertate* comme *præjudicium*, alors que les textes attribuent cette qualité aux autres *præjudicia* (94) ; mais ici encore ce peut n'être qu'un hasard.

(92) On a vu plus haut, chap. Ier, sect. IV, p. 34, que la formule des actions préjudicielles n'était pas « *si paret* », mais bien « *an* ».

(93) Telle est l'opinion exacte de Lenel, E. P., *l. c.*

(94) Cf. l. 6, D. 40, 14 ; l. 8, D. 2, 4 ; l. 18, pr., D. 22, 3 ; l. 5, § 18, D. 25, 3 ; l. 3 § 2, l. 5, D. 25, 3 ; l. 30, D. 42, 5, mentionnés par Lenel, *l. c.*

Ajoutons que les termes mêmes de l'édit sont : *proclamare in libertatem* ; *vindicare in libertatem* (95).

Enfin l'argument le plus considérable contre l'existence d'un *præjudicium de libertate* ne ressort pas des textes ; il est tiré de la différence des conséquences d'une pareille instance comparée à celles des autres *præjudicia* : tandis que les autres *præjudicia* ne tranchent une question de patrimoine que fort indirectement, l'objet même du procès est ici une chose qui a une valeur pécuniaire, ce qui, nous l'avons vu, en fait presque une action *in rem* (96). Or on sait que, sous les *legis actiones*, ce procès était soumis à la procédure du *sacramentum*, comme toutes les actions *in rem* ; comment se serait-il donc par la suite détaché des autres actions *in rem*? Plus tard, la procédure transitoire *per sponsionem* devait être applicable à celui-ci comme à celles-là ; comment le *liberale judicium* aurait-il donc pris la forme d'un *præjudicium*, au lieu de suivre la voie des autres actions réelles (97)? Ce dernier argument lui-même ne saurait néanmoins nous convaincre ; malgré toute sa ressemblance avec les actions *in rem*, le procès sur la liberté se séparait des actions *in rem* sur un point capital : la question de propriété y était dominée par la question d'état qui intéresse le plus un individu, et la liberté en elle-

(95) Cf. Lenel, *E. P.* § 180.
(96) Cf. *supra*, chap. Ier, sect. I, p. 9 et suiv.
(97) En ce sens, Zimmern, § 66, no 7. — Puchta, *Cursus*, § 221.

même était bien un élément qui devait entrer en ligne de compte, en dehors de tout intérêt pécuniaire et de patrimoine.

Certes nous sommes loin de croire que tous les procès relatifs à l'état des personnes, soit quant à la famille, soit quant à la puissance, ne se soient jamais poursuivis que par la voie de formules de constatation, et sans condamnation ; il y avait un grand nombre de cas où les droits concernant le *status* avaient dû faire l'objet d'une action ordinaire, avec une formule armée de la *condemnatio* : l'*in jure cessio*, employée pour l'affranchissement *vindicta*, pour l'adoption et pour la cession de la tutelle, n'était que la simulation d'un procès *per vindicationem* appliqué à ces sortes de droits, un acte de juridiction gracieuse fait à l'image d'un vrai procès. Mais si ce vrai procès apparut sous la forme de *vindicatio*, ce ne fut guère que dans le vieux droit romain (98) ; plus tard, la *vindicatio* fit place au *præjudicium* dès les débuts du système formulaire.

Dans une opinion assez voisine de celle que nous venons de combattre (99), on a soutenu que la *causa liberalis* avait fait primitivement l'objet non d'un *præjudicium*, mais d'un *judicium duplex*, composé à la fois d'une *vindicatio* et d'une *contravindicatio*. C'était

(98) En ce sens, Ortolan, 12e éd., t. III, § 2113.
(99) Ihering, *Esprit du droit romain*, trad. Meulenaere, t. IV, p. 92 et suiv., notes 135 et 138.

la forme première de la revendication que Ihering a jugée dans les termes suivants : « C'était parfaitement saisir le rapport juridique existant entre les deux parties, que d'imposer au défendeur lors de l'instruction solennelle du procès les mêmes obligations qu'au demandeur ». Dans les conflits des différentes puissances, paternelle ou dominicale, dans les contestations relatives à la *manus* ou au *mancipium*, « les prétentions réciproques des parties pouvaient se produire en justice au cours d'un seul et même procès, soit que les deux parties s'attribuassent le même rapport de puissance, soit qu'elles eussent en vue des rapports différents », et le *judicium duplex* se trouvait être la forme toute naturelle d'une instance relative à la liberté. Si le procès d'ingénuité revêtait la forme d'un *præjudicium*, c'est que le patronat ne constituait pas un *jus* sur la personne et ne pouvait pas provoquer une *vindicatio* ; sinon, il aurait fallu une *contra-vindicatio* pour permettre au prétendu affranchi, non seulement de nier sa qualité d'affranchi *d'un individu*, mais encore de se proclamer ingénu : *contravindicatio* qui eût nécessité l'intervention d'un *vindex ingenuitatis*, car on ne pouvait revendiquer l'ingénuité sur soi-même (100). Le *judicium duplex* ainsi appliqué à la *liberalis causa* aurait abouti d'après les mêmes auteurs, soit à une sentence conforme à la prétention du de-

______

(100) Ihering, *ibid.* — Eck, *Die doppelseitigen Klagen*, p. 26-27.

mandeur, soit à un jugement favorable au défendeur, soit à un renvoi des deux parties, lorsque l'esclave prétendu aurait été reconnu ne pas être de condition libre, mais sans être l'esclave de son adversaire ; le juge aurait déclaré : « *Stichum servum esse* », ou « *liberum esse* », ou « *servum Titii non videri* » (101).

A supposer que cette opinion soit fondée, et que la *liberalis causa* se soit réellement instruite primitivement dans la forme d'un *judicium duplex*, elle ne contredit pas celle que nous avons adoptée, et d'après laquelle la *causa liberalis* aurait été à l'époque classique un *præjudicium*. A cette époque le *judicium duplex* avait disparu : la preuve en est qu'il n'y avait pas une formule unique pour les procès de liberté, mais plusieurs formules correspondant aux diverses situations dans lesquelles le procès pouvait se présenter. Pour se faire reconnaître absolument libre, le prétendu esclave n'avait pas besoin d'une *contravindicatio*, puisque, dans la *proclamatio in libertatem*, on posait au juge la question : « *an liber sit* », de même que, dans la *vindicatio in servitutem*, on posait une question directe dans une formule dont nous allons avoir à fixer les termes.

B. — *Vindicatio in servitutem ; præjudicium an A^i A^{ii} sit.*

Lorsque l'*adsertio* était *ex libertate in servitutem*,

_____

(101) Arg. l. 27, § 1, D. *de lib. causa.*

c'est-à-dire lorsqu'un individu prétendait aux droits
de *dominus* sur une personne qui avait la possession
d'état d'homme libre — situation inverse de la pré-
cédente, — le procès recevait le nom de *vindicatio in
servitutem*, et la majorité des auteurs persiste avec raison à reconnaître la forme préjudicielle à cette seconde espèce de procès de liberté. La formule devait être
conçue dans le sens suivant : « Stichus est-il l'esclave
du demandeur ? » Mais quelles étaient exactement les
expressions employées ? il est bien difficile de le dire,
puisqu'aucun texte ne nous les a conservées. Réduits
à des conjectures, les commentateurs ont donné chacun leur formule : beaucoup s'obstinent à croire à
l'emploi d'un « *si paret* » : 1° *si paret L. Titium* « *servum* »$A^i A^{ii}$ *esse* (102) ; 2° *si paret hominem de quo
agitur servum esse* (103) : formules critiquées par Bekker (104), d'après qui l'emploi du mot « *servum* »
dans la première formule est superflu, et aussi peu
nécessaire que le mot «*rem* » dans celle de la revendication : « *si paret fundum Cornelianum* [*rem*] $A^i A^{ii}$
esse » ; son emploi n'est du reste pas prouvé par les
textes (105), qui contrediraient aussi la deuxième formule. Bekker propose donc les mots « *si paret Pam-*

(102) Bethmann Holweg, *Civ. Prozess*, II, 335.
(103) Rudorff, *l. c.*, § 179.
(104) Bekker, *Actions*, I, p. 284.
(105) Bekker cite notamment : l. 7, § 5, l. 8, § 1, D. 40, 12. —
l. 14, D. 22, 3.

philum A^i A^{ii} *esse* », en face de la formule de la *procla-matio in libertatem* : « *si paret Pamphilum liberum esse* ». Nous rejetons avec Lenel (106), pour les raisons qu'on connaît, les mots « *si paret* », que nous remplaçons par « *an* » ; et nous adoptons la formule « *an servus* A^i A^{ii} *sit* », dont ce dernier auteur nie l'existence, mais qui semble bien correspondre à l' « *an liber sit* » de la *proclamatio in libertatem*.

Comme pour le procès *de libertate*, on s'est demandé si la *vindicatio in servitutem* constituait un vrai *præjudicium*. Lenel, qui, dans le premier cas, hésitait à contester ce caractère à la *causa liberalis*, se montre plus affirmatif dans le second (107) ; et, sous prétexte qu'il n'y a pas de témoignage de l'existence d'un *præjudicium an homo quo de agitur* A^i A^{ii} *sit*, que bien au contraire il est des textes qui font allusion à des condamnations à des restitutions de fruits encourues par l'*adsertor* (108), il en fait une variété de la revendication.

Pour nous, il n'y a pas de raison valable de distinguer entre les formes de la *causa liberalis* ; aussi

(106) Lenel, *E. P.*, § 178.
(107) Lenel, *ibid.*, § 179.
(108) Ulp. 1. 5, D. *de operis servorum*, 7, 7. — Gaius, 1. 4, *ibid.* — Ces textes doivent se rapporter à des matières toutes différentes : Titius revendique un esclave contre Mævius ; ce n'est pas alors une question d'état au premier chef (de toute façon Stichus serait esclave), mais une question de propriété. C'est entre deux individus se disant propriétaires et un même esclave qu'il y avait une véritable *vindicatio servi*.

croyons-nous avec Baron (109) que, dès les premiers temps du système formulaire et pendant toute sa durée, la *petitio in servitutem* a eu l'aspect d'un *præjudicium*. Nous nous bornons donc à renvoyer aux arguments donnés plus haut au sujet de la *proclamatio in libertatem*.

Un dernier mot d'ailleurs : cette question n'aurait certainement jamais été soulevée, si l'on n'avait trop pris garde à une similitude d'expressions et à une analogie de situations juridiques plus apparente que réelle. Le mot *vindicatio* est synonyme de *petitio*, il a donc un sens fort large. Quant à la revendication, considérée en elle-même comme action, elle diffère beaucoup de l'action par laquelle on fait valoir son droit sur un esclave : car, dans la revendication, le défendeur se contente de nier le droit de propriété invoqué par son adversaire, sans avoir besoin de prétendre lui-même un droit de propriété ; au lieu que, dans le *liberale judicium*, le défendeur à la *vindicatio* doit, tout en niant le droit de propriété de son adversaire, affirmer en même temps qu'il est libre, de même que le défendeur à la *proclamatio* ne peut se contenter de contester la liberté de son adversaire, sans affirmer que celui-ci est sa chose (110). Tel était bien l'aspect de l'ancien procès sur la propriété ; mais,

(109) Baron, *R. R. G.*, *Erster Theil, Inst. und Civilpr.*, § 22.
(110) Cf. Accarias, § 797.

autant la *liberalis causa* s'en rapproche, autant elle s'éloigne de la revendication de l'époque classique : il est donc regrettable qu'on se soit laissé abuser par une ressemblance, qui n'est guère qu'une ressemblance de mots.

C. — *Præjudicium an in libertate sine dolo malo fuerit.*

Une troisième forme du *præjudicium de libertate* — le *præjudicium an in libertate sine dolo malo fuerit* — serait bien moins contestée en tant que *præjudicium*, si son existence même était absolument certaine. Tel qu'on le conçoit, c'était bien un préliminaire du procès de liberté, une question préalable, préjudicielle ; mais bien des auteurs ne l'ont même pas soupçonné ; beaucoup d'autres en ont combattu la notion même, faute de preuves suffisantes dans les textes. Ceux qui l'admettent (111) se fondent sur un passage d'Ulpien *ad Edictum* rapporté au Digeste (111 *bis*) : « *si forte apparuerit eum, qui de libertate litigat, in libertate sine dolo malo fuisse* ». La formule probable de ce *præjudicium* était d'après Lenel, dans sa reconstitution de l'*Edictum perpetuum :* « *an Pamphilus in libertate sine dolo malo fuerit* » ; et d'après Keller : « *an in libertate, quum primum in jus aditum est, sine dolo malo fuerit.* »

(111) Lenel, *E. P.*, § 180 ; — Keller, § 38, p. 167, n. 431. — Cf. aussi Zimmern, §§ 66-69.

(111 *bis*) Ulp., *libro* 54 *ad Edictum*, 1.7, § 5, D. *de lib. causa*, 40, 12.

A vrai dire, l'existence de ce *præjudicium*, dans l'état actuel des textes, est fort douteuse, non pas parce que Gaius n'en a pas fait mention : il n'a pas mentionné davantage les deux autres *præjudicia* sur la liberté, et nous avons dit le peu d'importance qu'il faut attacher à ce silence (112), que Keller a cru devoir interpréter, quant au point spécial qui nous occupe, en ce que l'on devait ici, comme en matière de *patria potestas*, procéder *extra ordinem* (113). Mais ce qui est autrement grave que le silence de Gaius, c'est l'état du texte qui contient les mots de l'édit. Lenel est obligé d'admettre que les mots : « [*hoc ante*] APUD EUM QUI DE LIBERTATE COGNITURUS EST [*disceptatur* »] n'ont pas été écrits par Ulpien, mais qu'ils ont été interpolés au temps où le procès avait lieu *extra ordinem*, c'est-à-dire postérieurement à l'introduction du troisième système de procédure. Comment donc se fier à un texte qui, de l'aveu même des plus fervents partisans de ce *præjudicium*, a été fort maltraité ? comment se croire autorisé à substituer au passage rema-

(112) Cf. *supra*, p. 48.

(113) Bethmann-Holweg, *C. P.*, p. 30, 19. — La valeur de cette explication est discutable : en effet, si l'on procédait *extra ordinem* dans les procès *de patria potestate*, c'était parce que le *filius familias* n'avait pas d'*adsertor* ; or l'esclave ou l'individu prétendu tel en avait un (Cf. *supra*, p. 25). — D'après M. Accarias, le fait de la possession d'état de liberté ou d'esclavage était du ressort du magistrat par la voie des interdits, comme la possession en matière de propriété (Accarias, § 797) ; — mais les textes ne parlent pas d'interdit à ce sujet.

nié ou mal copié les mots : « *hoc ante præjudicio disceptatur* (114) » ? Les textes ne prouvent donc pas pertinemment l'existence du *præjudicium an sine dolo malo*, etc., mais les notions de procédure romaine que l'on possède, la nature même de cette question préalable qui est bien une question préjudicielle dans

(114) Les textes seraient, il est vrai, moins rebelles à prouver l'existence de ce *præjudicium*, si l'on rejetait avec Vlassak (*Rœmische Prozessgesetze*, p. 179, n. 12 et *Ztschr. de Grünhut*, t. XIX, p. 712) la supposition d'une interpolation dans la loi 7, § 5, *de liberali causa*. — D'après Vlassak, *cognoscere* viserait dans maint passage le rôle du *judex* aussi bien que celui du magistrat. — Ici « *is qui de libertate cogniturus est* » n'en désignerait pas moins, aux yeux de Vlassak, qui est partisan d'une *cognitio extra ordinem* en matière de *status* à l'époque classique, le magistrat spécialement désigné pour juger les procès de liberté, le *prætor de liberalibus causis*. Ce magistrat, dont l'existence nous est attestée par une Constitution d'Alexandre (l. 1, C. 4, 56) : « *ad prætorem cujus de liberali causa jurisdictio est* », et par deux inscriptions (*C. I. L.*, X, n° 5398 et VI, n° 1477), subsiste encore sous Constantin et sous Justinien. Son origine remonterait, toujours d'après Vlassak, à l'époque de Marc-Aurèle. Or le commentaire d'Ulpien sur l'édit, d'où est tirée la loi 7, D. 40, 12, aurait été terminé sous Caracalla (211-217). Les mots « *is quis de libertate cogniturus est* » désigneraient donc, d'après Vlassak, le préteur *d. l. c.*, « qui aurait lui-même jugé la question préjudicielle dont dépendaient les rôles des parties, comme la question d'état elle-même ». (Cf. Vlassak, *Ztschr. de Grünhut, l. c.*). Nous préférons faire remarquer avec Bekker (t. I, p. 288, 289) que les mots « *ut possit judicium ordinem accipere* », contenus dans le même fragment, s'opposent à ce qu'il soit ici question d'un magistrat-juge, et démontrent jusqu'à l'évidence qu'il s'agit du *judex*. Nous admettons qu'il y a eu un *prætor de liberalibus causis* ; mais rien ne prouve que sa compétence ait été, sous le système formulaire, plus étendue que celle des autres magistrats, et qu'elle ait fait échec aux principes fondamentaux du système de procédure de l'époque classique.

la plus large acception du mot, nous portent à croire qu'il a bien existé en fait : du dol ou de la mauvaise foi de celui qui était en possession d'état d'homme libre dépendait la charge de la preuve dans le procès de liberté (115), et l'on comprend aisément que les Romains en aient fait l'objet d'un débat préalable à trancher par le juge, avant que l'on abordât le fond même du procès.

Aux règles de procédure déjà exposées dans le premier chapitre de ce travail, nous ajouterons les remarques suivantes spéciales à la matière des procès de liberté.

L'esclave, demandeur ou défendeur, ne pouvait pas comparaître en personne ; il était astreint à l'obligation de se faire représenter par un *adsertor libertatis* ; car un esclave n'avait pas, d'une manière générale, le droit d'agir en justice (116). Il ne pouvait pas d'ailleurs recourir au *præjudicium* comme demandeur, lorsqu'il avait consenti à se laisser vendre pour avoir une part du prix (117).

Quant à l'adversaire de l'esclave, demandeur ou défendeur, c'était le plus souvent un *dominus* exclusif ou par indivis ; mais ce pouvait être aussi un gagiste,

(115) Cf. *suprà*, ch. I, sect. IV.
(116) L. 107, D. 50, 17 « *cum servo nulla actio est* ».
(117) L. 7, D. *de liberali causa.*

un usufruitier, ou quiconque prétendait à un droit réel sur l'esclave (118).

Comment l'esclave trouvait-il un *adsertor* ? Souvent il s'en voyait imposer un, lorsque, vivant comme esclave, il se refusait, pour faire du tort aux siens, à sortir de son état de dépendance : le père pouvait alors agir pour son fils et malgré lui, le fils pour le père, le cognat pour le cognat. Afin d'échapper à cette ignominie, on permettait extraordinairement aux femmes, à défaut d'autres *adsertores*, d'agir pour leurs maris, leurs fils, leurs cognats (119). Quelquefois enfin, on donnait un *adsertor* même *extraneus* aux individus à qui leur âge ou leur état mental ne permettait pas de songer à sortir de la servitude (120).

Mais, en dehors de ces cas, comment l'homme libre vivant *ut servus*, comment l'esclave vivant *ut liber*, se procuraient-ils un *adsertor* ? Ils avaient le plus grand intérêt à en trouver un, puisque le défaut d'*adsertor* était un obstacle à l'exercice de l'action dans la *proclamatio in libertatem*, et prolongeait provisoirement l'état d'esclavage dans la *vindicatio in servitutem*. On sait qu'ils n'en rencontraient que difficilement, c'est même à cause de ces difficultés, que Justinien supprima l'*adsertio* (121) en faveur de la

---

(118) L. 8, D., *ibid.*
(119) L. 1, pr. § 1. — 1. 2, 3, § 2, D. *ibid.*
(120) L. 6, D. *ibid.*
(121) Cf. au Code le titre *de adsertione tollenda.*

liberté. Avant lui Constantin (122), déjà préoccupé
des intérêts des hommes libres, souvent victimes de
quelque machination, avait prescrit la *circumductio*
du prétendu esclave (*circumlustratis provinciæ populis*),
pour leur faciliter la rencontre et le choix d'un *adsertor*. La *circumductio* était destinée à remplacer un autre
procédé, que l'on ne connaissait pas bien jusqu'ici,
et qui vient de faire l'objet en Allemagne d'articles
fort intéressants de Vlassak et de Schlossmann (123) :
la *proclamatio*, dont l'existence semble être attestée
par la constitution même de Constantin, qui vint
prescrire l'usage de la *circumductio*. Qu'était-ce donc
que cette *proclamatio* ? C'était un appel au magistrat ;
on venait implorer sa protection, pour se procurer
un *adsertor*. De la part de l'individu qui vivait *ut
servus* (124), cet appel devait être rare : car il avait,
avant même d'intenter l'action, tout le loisir de trouver un *adsertor* ; de la part de celui qui vivait *ut liber*,
il devait être bien plus fréquent : c'était le plus sou-

(122) L. 5 et 6, C. Théod. *h. t.* — (Cf. Vlassak, dans la *Ztschr. de
Grünhut*, t. XIX, p. 722). — « Si eos forte adsertio defecerit, circumductio præbeatur *adsertorem quæri titulo per literas indicante*,
ne causa per silentium ignoretur, vel absurde etiam proclametur,
ut qui comperissent velint adserere, vel cunctantes etiam coge-
rentur ».

(123) Cf. Vlassak, dans la *Revue de Grünhut*, t. XIX, p. 715.
— Schlossmann, dans la *Savigny Stiftung* : *über die « proclamatio in libertatem »*, t. XIX, p. 225.

(124) Cf. l. 3, § 10, D. 41, 2 « *si ex possessione servitutis in libertatem (proclamaverit) et liberale judicium imploraverit, nihilo mi-
nus in possessione mea est.* »

vent une réponse immédiate à un acte de violence,
dont le prétendu *dominus* croyait trouver la justifica-
tion dans son droit, à une véritable mainmise sur la
personne. A la suite de cet appel, le magistrat faisait
lui-même une *proclamatio* (c'est le sens même du mot
dans les lois 5 et 6, C. Théod., IV, 8), par l'entremise
du *præco*, et invitait les citoyens à venir en aide à
l'individu dont la liberté était menacée. De l'existence
de cette *proclamatio*, faut-il conclure avec Vlassak
que le procès de liberté se serait composé de trois
phases, dont les deux dernières, l'*ordinatio judicii* et
le *liberale judicium*, auraient été soumises à la procédure formulaire, tandis que la première, la *proclamatio*, aurait eu lieu *extra ordinem*? Nous ne le croyons
pas : la notion de l'*ordinatio judicii* (125) nous semble bien confuse et bien hardie en même temps : car
c'est à peine si les textes peuvent en suggérer une
vague idée ; quant à la *proclamatio*, c'était plutôt un
acte de juridiction gracieuse (126).

(125) Cf. Vlassak, *l. c.*, p. 711, 712, n. 18 et 21. — Dans l'*ordinatio judicii* auraient été en présence le futur *adsertor* et le futur
petitor in servitutem; dans le *liberale judicium*, l'*adsertor libertatis*
et le *petitor in servitutem*.

(126) Selon Vlassak (*Ztschr. de Grünhut, l. c.*) c'est cette mesure
destinée à trouver un *adsertor*, qui serait désignée dans les Pandectes par les mots *proclamatio in libertatem*. Nous pensons au
contraire avec Schlossmann qu'il y eut bien à l'époque classique
une *proclamatio* de ce genre, mais que ce n'est pas elle qui est
mentionnée sous ce nom au Digeste et au Code. Comme bien d'autres expressions du langage juridique, le mot *proclamatio* a perdu

Pendant toute la durée du procès, le défendeur à la *vindicatio* ou le demandeur à la *proclamatio* restait provisoirement en liberté (127). Si l'esclave triomphait, les acquisitions par lui faites lui appartenaient sans restriction, lorsqu'elles étaient postérieures à la *litis contestatio*, et sous réserve des droits du possesseur de bonne foi, lorsqu'elles étaient antérieures ; s'il succombait, il était censé avoir acquis pour le compte du *dominus* (128).

Lorsque le jugement prononçait *secundum libertatem*, la chose jugée produisait ses effets immédiats (128 *bis*); lorsqu'il prononçait *secundum servitutem*, le procès était renouvelé deux fois, et peut-être indéfiniment (129). La faculté de réintenter l'action

son sens primitif; il n'a plus dans la compilation de Justinien que la signification qui lui a été attribuée jusqu'ici par tous les commentateurs, et que nous avons adoptée dans cette étude : celle de *petitio in libertatem*, par opposition à la *vindicatio in servitutem*. — Si, en effet, l'on se rangeait à l'opinion de Vlassak, il faudrait s'attendre à rencontrer les expressions *proclamatio, proclamare*, partout où un *adsertor* fait défaut à l'esclave prétendu ; et inversement, partout où se rencontreraient ces expressions, on devrait supposer que c'est le défaut même d'*adsertor* qui a provoqué les décisions ou les commentaires des jurisconsultes. Or il n'en est rien ; c'est donc que le mot *proclamare* avait été détourné de sa signification primitive.

(127) L. 25, § 2 D. *Ibid.*— A l'époque où la *causa liberalis* avait lieu *per sacramentum*, c'était une exception au principe d'après lequel le magistrat attribuait la possession intérimaire à celle des parties qu'il jugeait convenable.

(128) L. 32, D. *Ibid.*

(128 *bis*) Sur les effets de ce jugement, cf. notre ch. III.

(129) L. 1, pr. C. 7, 17. « . . *illis legibus quae dudum* et secunda

fut supprimée par Justinien, en même temps que l'*adsertio*.

La plupart des règles qui précèdent sont étrangères à celles de la revendication, si l'on excepte les principes relatifs aux acquisitions faites par le prétendu esclave ; c'est une raison de plus de voir dans la *causa liberalis* une instance *sui generis*, un procès d'état plus que de propriété, un *præjudicium*.

§ 2. — Præjudicia de ingenuitate et de libertinitate.

Sur le *præjudicium de ingenuitate* qui n'a jamais été contesté, les renseignements qui nous sont parvenus sont beaucoup moins abondants que pour la *causa liberalis*: c'est qu'en bien des points cette instance devait suivre une marche parallèle au *liberale judicium*. Comme ce dernier, elle se présentait confessoirement et négatoirement, pour emprunter, avec un jurisconsulte allemand (130), à la matière des servitudes, des expressions qui rendent assez bien l'idée d'un procès à double face.

et tertia vice *adsertorias lites examinari* præcipiebant. — Cic., *pro domo*, 29 : «... *à majoribus.... ita comparatum est*, ut civis romanus libertatem nemo posset invitus amittere. —Quin etiam si decemviri sacramentum in libertatem injustum judicassent, tamen quotiescumque vellet quis hoc in genere rem judicatam referre posse voluerunt.

(130) Bekker, t. I, p. 291 « *confessorisch und negatorisch* ».

A. — *Præjudicium an libertus sit.*

Lorsqu'un patron voulait faire reconnaître ses droits sur un affranchi, ou lorsqu'un tiers quelconque avait intérêt à faire établir judiciairement la qualité d'affranchi chez un individu, il recourait à un *præjudicium*, dont la formule était la suivante : « *an Numerus Negidius libertus $A^i A^{ii}$ sit* » (131), et recevait application, soit lorsque le défendeur soutenait qu'il n'était pas affranchi (*libertum se non esse*), soit lorsqu'il s'avouait affranchi, mais contestait le patronat du demandeur (*se libertum esse, sed non $A^i A^{ii}$*) (132). Le but de cette instance correspondait au but de la *vindicatio in servitutem*.

B. — *Præjudicium an ingenuus sit.*

Lorsqu'au contraire un individu prenait les devants pour faire proclamer sa qualité d'ingénu — situation qui est le pendant de la *proclamatio in libertatem* —, il recourait également à un *præjudicium*, dont la formule est moins directement établie que dans le cas précédent, mais dont l'existence distincte n'est pas moins certaine (133).

---

(131) L. 6, D. 40, 14 « *quoties de hoc contenditur* an quis libertus sit... *redditur* præjudicium. *Sed et quoties* libertinum quidem se confitetur, libertum autem Gaii Seii se negat, idem præjudicium *datur*. — Cf. aussi Gaius, IV, 44 « *... qua quæritur* aliquis libertus sit... ». Inst., § 13, *de act.* « *... vel* an libertus sit... ».

(132) En ce sens, Lenel, § 141, d'après Bekker, I, 284, n. 31.

(133) Lenel, *ibid.* — Cf. les lois citées par cet auteur: I. 14,

Au reste les cas d'application de ces deux formes du *præjudicium* relatif à l'ingénuité étaient presque identiques ; on les trouve énoncés dans différents textes du Digeste : l'action était intentée pour obtenir ou éviter les services dus au patron (*sive operæ petantur, sive obsequium desideretur*), ou à l'occasion d'un défaut de *reverentia*, ou d'une *vocatio in jus* (134). Il arrivait aussi qu'un homme libre, affranchi par erreur, voulût prouver son ingénuité : on était alors en présence d'un cas spécial à la seconde variété.

Les textes ne laissent pas entrevoir l'existence, et les commentateurs n'ont jamais cherché à introduire la notion d'un *præjudicium an in ingenuitate sine dolo malo fuerit*, et nous avons vu pourtant que la charge de la preuve dépendait de la bonne ou de la mauvaise foi de l'individu qui avait la possession d'état d'affranchi. Sans doute cette bonne ou mauvaise foi faisait l'objet d'un examen préalable du magistrat avant la délivrance de la formule ; mais alors pourquoi cette différence de procédure dans deux situations identiques, dont l'une donnait lieu à un *præjudicium*, tandis que l'autre relevait du magistrat ? C'est

D. 22, 3 « ... *qui se ex libertinitate* in ingenuitatem dicat... » ; l. 8, § 5, D. 17, 1 « ... *mox* ingenuus pronuntiatus est » ; l. 1, D. 40, 14, l. 1, § 3, D. 40, 15 ; l. 3, l. 4, D. 40, 16, mêmes expressions ; — et surtout la rubrique du titre 14 : « *si* ingenuus *esse* dicetur ». Nulle part n'est mentionné le mot « an » *ingenuus sit*.

(134) Cf. l. 22, D. 38, 1 ; l. 4, § 1, D. 2, 4 ; l. 7, § 2, D. 37, 15 ; l. 6, D. 40, 14.

un point fort obscur, et il faut se contenter de poser la question, sans espérer pouvoir la résoudre.

Nous avons étudié ailleurs (135) les règles générales de compétence, de procédure et de preuve des *præjudicia* ; aucune particularité à noter en ces matières dans les *præjudicia* relatifs à l'ingénuité (135 *bis*). On sait d'autre part que ces *præjudicia* étaient d'origine prétorienne.

Pour les effets du jugement, nous renvoyons au chapitre III.

§ 3. — Præjudicia de partu agnoscendo et an uxor.

Le *præjudicium de partu agnoscendo* était un moyen prétorien (136). Contrairement à la *causa liberalis* et au *præjudicium de ingenuitate*, il se présentait sous une forme unique (137). La formule en aurait été d'après Rudorff : « *an filius sit* » ; mais Lenel a fait remarquer que cette formule est inexacte : il s'agit moins de savoir si un tel est fils de tel autre, que de

---

(135) Cf. chap. 1ᵉʳ, sections III et IV.

(135 *bis*) Mentionnons toutefois la disposition du Sc. *de collusione detegenda*, d'après laquelle celui qui dénonçait la fraude d'un procès fictif ayant pour but de faire passer faussement un individu pour ingénu, devenait patron de l'affranchi à la place du vrai patron. — Ce Sc. date de Vespasien ou de Marc Aurèle (l. 1, D. 40, 16).

(136) Inst., § 13, *de action.* — L. 9, C. VIII, 47 (46) « ... *præjudicium* edicto perpetuo propositum ».

(137) En ce sens Lenel, *E. P.*, § 117.

décider si le demandeur doit être reconnu comme tel par le mari ; la formule probable serait donc d'après Lenel : « *an A^s A^s in ea causa sit ut à N° N° agnosci debeat* » (138).

Un certain nombre d'auteurs indiquent, comme *præjudicia* spéciaux, des instances relatives à des questions voisines : à côté de la formule « *an ex eo prægnans fuerit* », il y aurait eu les formules « *an ex filio ejus susceptus fuerit* », « *utrum in matrimonio an postea editus sit* ». Lenel et Rudorff combattent cette opinion, et croient à une formule unique, malgré la grande multiplicité des espèces (139). Ce second système nous semble faux tout au moins pour le *præjudicium an uxor fuerit*, qui a dû exister à part : « *Et quid sit si, an uxor fuerit, discepletur? Et Julianus Sexto Cæcilio Africano respondit locum esse præjudicio* » (140). Bien que ce texte soit inséré au titre *de agnoscendis et alendis liberis,* les expressions « *locum esse præjudicio* » sont trop vagues pour indiquer qu'il s'agit nécessairement du *præjudicium de agnoscendo partu* ; nous avons donc peine à croire à une formule unique et pour ce cas et pour les autres.

Le *præjudicium de agnoscendo partu* nous est montré à divers reprises comme une création du préteur

(138) Cf. Rudorff, *l. c.*, § 121. — Lenel, *l. c.*
(139) Cf. Rudorff, § 122, n. 2. — Lenel, *l. c.*
(140) L. 3, § 4, D. 25, 3.

nécessitée par les règles des sénatus-consultes (141);
nous en connaissons deux : 1° le sénatus-consulte
Plancien, qui visait le cas où il s'agissait de faire reconnaître au mari l'enfant né *post divortium* ; 2° un
sénatus-consulte dont on ignore le nom, datant d'Hadrien, et qui était relatif aux enfants nés *constante
matrimonio* (142) (143).

§ 4. — Præjudicium de patria potestate (144).

Le procès sur la puissance paternelle pouvait affec-
ter deux formes, selon qu'il avait lieu soit entre le
père et son fils qui se prétendait émancipé, soit entre
deux pères de famille se disputant la puissance paternelle sur le même individu. Quelle procédure suivait-
on dans l'un et l'autre cas ?

Le texte capital de la matière est ainsi conçu: (145)
« *Per hanc actionem (rei vindicationem) liberæ perso-
næ, quæ sunt juris nostri, utputa liberi, qui sunt in
potestate, non petuntur. Petuntur igitur aut* PRÆJUDI-
CIIS, *aut* INTERDICTIS *aut* COGNITIONE PRÆTORIA ; *et ita
Pomponius... nisi forte inquit* ADJECTA CAUSA *quis* VIN-

---

(141) L. 3, § 3, D. 25, 3. «... *dicendum est, et super hoc ex* senatus-
consultis *agendum...* ». — Pour les cas d'application du Sc. Plancien, cf. *infra*, chap. III, sect. II, C., d.

(142) L. 3, § 1, D. 25, 3.

(143) Quant aux effets, cf. le chap. III.

(144) Baron, *l. c.*, § 40.

(145) Ulp., *lib.* 16, *ad Edictum*, l. 1, § 2, D. 6, 1.

DICET ». Le procès *de patria potestate* aurait donc pu s'instruire sous forme de *rei vindicatio adjecta causa*, de *præjudicium*, d'*interdictum* et de *cognitio extra ordinem*. Ulpien a certainement ici confondu dans une même phrase les formes qui ont convenu à diverses époques, soit à l'une, soit à l'autre des deux variétés de procès *de patria potestate*.

Entre le père de famille et un tiers qui lui disputait sa puissance, le procès a dû s'engager primitivement sous forme d'une *vindicatio filii* : Gaius ne nous dit-il pas, à propos de l'adoption (146), que l'adoptant revendique l'adopté comme son fils : « *vindicat filium suum* esse » ? « L'*intentio* de cette *vindicatio adjecta causa* devait être : « *si paret L. Titium in patria potestate* A[i] A[ii] *esse ex jure Quiritium* » (147). Plus tard cette *filii vindicatio*, qui dut disparaître à peu près en même temps que les *legis actiones*, fit place aux interdits *de liberis ducendis* et *de liberis exhibendis* (148). Baron croit qu'un simple *præjudicium* était ici possible à l'époque classique ; mais il invoque un texte où il n'est question que de l'interdit (149) ; en réalité, la seule voie possible à l'époque classique entre deux individus se disputant la puissance paternelle sur une même personne fut celle des interdits.

(146) Cf. Gaius, I, 134.
(147) Baron, *l. c.*, *ibid.*
(148) D. 43, 30.
(149) La loi 3, § 4, D. *de lib. exhib. et duc.*, 43,30 ne contient ni l'idée ni l'expression de *præjudicium*.

Entre le père de famille et un fils de famille, le procès relatif à la *potestas* revêtait un double aspect : tantôt un individu en possession d'état de *filius familias* se disait émancipé ; tantôt au contraire un individu, se disant *paterfamilias* par suite d'émancipation, était actionné par le *paterfamilias* véritable. Si le *paterfamilias* était demandeur, il agissait par voie de *præjudicium*, et ce n'est qu'à cette situation que fait allusion le mot « *præjudiciis* » de la loi 1, § 2 *de rei vindicatione*. Si au contraire le *filius familias* prétendu était demandeur pour faire valoir son émancipation, il y avait lieu à *cognitio extra ordinem*, parce qu'il ne pouvait y avoir de procès entre deux personnes dont l'une était en fait sous la puissance de l'autre : ainsi s'expliquent les mots « *cognitione prætoria* » de la loi 1, § 2, D. 6, 1 et loi 8, D. 22, 3 tout entière (150). Le *præjudicium de potestate patria* était donc exclusivement réservé, à notre avis, au cas de « *vindicatio in patriam potestatem* », expression que nous forgeons à dessein, afin de mieux faire saisir la situation par une comparaison avec la *vindicatio in servitutem*.

La formule du *præjudicium de patria potestate* devait être construite à l'image de celle du *liberale judi-*

______

(150) L. 8, D. 22, 3. « Si filius *in potestate patris esse* neget, prætor cognoscit..... » Sur les raisons toutes spéciales qui font admettre ici la *cognitio extra ordinem* dans un *præjudicium de statu*, et qui ne peuvent être étendues aux autres *præjudicia*, cf. *supra*, ch. I, sect. III, p. 25.

cium: « *an Mævius Titii filius sit?* » (151), ou mieux :
« *an Mævius in potestate Titii sit?* »

§ 5. — Præjudicium de civitate.

Du dernier *præjudicium* qu'il nous reste à examiner,
nous savons fort peu de choses. Un passage de Suétone (152) qui y fait allusion, et attribue la compétence aux *recuperatores*, voilà tout le bilan des textes
qui y ont trait. Nous avons apprécié plus haut (153)
l'importance de ce *præjudicium* en présence de la di-
versité de condition des habitants de l'empire : c'était
un moyen de faire fixer son état par rapport à la nationalité ; c'était pour les citoyens romains une arme
que bien des peuples modernes pourraient leur envier.

Il est impossible de déterminer la formule de ce
præjudicium, sur lequel les Instituts ont conservé le
même silence que Gaius (154) ; mais son existence
nous paraît incontestable. Elle a été pourtant contestée, et certains auteurs ont soutenu qu'on n'aurait
pu faire valoir à Rome ses droits de citoyen que par
voie de défense ou d'exception, soit dans un procès
civil, soit dans un procès criminel. Le poëte Archias,

---

(151) Baron, *l. c.*
(152) Suétone, *Vesp.*, ch. 3. — Cf. *supra*, ch. I, sect. III.
(153) Cf. *supra*, ch. I, section II, p. 16.
(154) La formule était probablement : « *an Titius civis romanus
sit* » ?

qui fut défendu par Cicéron dans le procès en usur-
pation du titre et des droits de citoyen qui lui fut in-
tenté par un certain Gracchus ou, suivant Heyne,
par Crassus lui-même, n'aurait pas pu, semble-t-il,
prendre les devants et faire proclamer dans un *præjudicium* sa qualité de citoyen romain. — Nous ne
pensons pas que cet argument tiré du *pro Archia* tout
entier puisse résister à celui que nous fournissent en
sens contraire les quelques lignes où Suétone nous
apprend que la femme de Vespasien avait été reconnue ingénue et citoyenne romaine par les *recuperatores* : « *mox ingenuam et civem romanam recuperatorio
judicio pronunciatam* ». Le mot *pronunciatio* est opposé
d'ordinaire dans les textes à *condemnatio*, et désigne
bien ici la sentence qui, en dehors de toute condamnation, avait pour objet unique et immédiat la constatation chez un individu de la qualité de citoyen.

CHAPITRE III

EFFETS DE LA CHOSE JUGÉE
DANS LES PRÆJUDICIA DE STATU ET AUTRES INSTANCES
RELATIVES A L'ÉTAT.

Une étude du régime des *præjudicia de statu* serait
incomplète, si, après en avoir suivi le développement
historique, et après avoir passé en revue les diverses
particularités que chacun d'eux pouvait offrir, on n'en
examinait pas les résultats. Ces instances relatives à
l'état, *præjudicia* ou autres, dont la procédure a été
décrite plus haut, aboutissaient nécessairement, et la
plupart du temps uniquement, à une *pronuntiatio* :
quel devait en être l'effet ? 1° A quelles conditions
pouvait-on dire qu'il y avait chose jugée relativement
à l'état ? 2° Et en outre l'effet de la sentence était-il
absolu ou relatif ? grave question sur laquelle les anciens commentateurs se trouvaient d'accord, mais
qui, depuis déjà longtemps, a suscité des divisions.
Nous touchons ici à la théorie du *justus contradictor*
qui, après avoir joué à une certaine époque un rôle si
important en droit français dans la matière de l'état
des personnes, semble aujourd'hui s'être modeste-
ment retirée de la scène juridique, pour rendre leur

place aux principes généraux de la chose jugée (155). Nous n'avons pas à apprécier maintenant la valeur respective de ces deux systèmes de l'effet absolu ou de l'effet relatif dans notre droit français ou en législation ; mais nous devons porter toute notre attention sur le point de départ d'une doctrine qui a dominé l'ancien droit, et qui, depuis le Code, a été enseignée par des auteurs considérables.

Nous pourrons ainsi juger si, en droit romain, l'effet des *præjudicia de statu* était absolu, ou si les commentateurs n'ont pas été victimes de quelque illusion.

SECTION I. — Effets de la chose jugée incidemment
en matière de status.

Quant aux conditions mêmes que doit réunir la sentence pour qu'il y ait chose jugée relativement au *status*, il ressort des textes que l'exception *rei judicatæ* ne s'applique pas à ce qui a été jugé incidemment. Supposons que le juge ait accordé des aliments à un individu, cela n'empêchera pas de rechercher ultérieurement si celui-ci est uni par un rapport de filiation ou de patronat au débiteur d'aliments (156). Et

______

(155) Cf. notre thèse française, chap. II.

(156) L. 10, D. 1, 6 : « *neque enim alimentorum causa veritati facit præjudicium* ».

en effet le juge n'a procédé qu'à un examen sommaire
(*summatim cognovit*), qui offre moins de garanties ;
aucun droit n'a été affirmé, on a seulement tenu
compte d'apparences, de raisons qui ont paru justifier
une pension ; la question de parenté n'a pas été tranchée (157).

Même espèce dans la loi 5, § 9, D. 25, 3 : « *Memi-
nisse oportet, et si pronuntiaverint ali oportere, atta-
men eam rem non facere præjudicium veritati, nec enim
hoc pronuntiatur, filium esse, sed ali debere* ».

Enfin, lorsqu'un juge est appelé à connaître d'une
question d'état qui s'élève incidemment à une demande en nullité de testament dont il est saisi, le jugement n'a l'autorité de la chose jugée que relativement à l'hérédité et laisse entière la question d'é-
tat (158).

Toutes ces espèces se rapportent au cas où le demandeur, au lieu de faire statuer dans un *præjudicium*
sur la question d'état, s'est contenté de la soumettre
au même juge. Comment pourrait-il y avoir chose
jugée sur des questions soulevées accessoirement au
procès, et qui ne sont que des éléments nécessaires

---

(157) Cf. aussi, l. 15, § 4, D. 42, 1, et l. 5, § 9, D. 25, 3 : « summatim *judices oportet super ea re cognoscere* ».

(158) L. 1, C. 3, 8. — *Contra*, Savigny, *System*, t. VI, p. 449. —
Cujas, *Recit. in Dig.*, p. 220, d'après lesquels le rapport de famille
figurant comme question incidente dans la décision du juge se
trouve définitivement fixé par cette décision.

pour appuyer la décision, sans faire partie de cette décision même ?

SECTION II. — **Effets de la chose jugée principalement dans les præjudicia de status et autres instances relatives à l'état.**

Tout au contraire dans les instances ayant pour objet direct le *status* des personnes, la chose jugée principalement, et non plus incidemment, conserve sa pleine et entière autorité ; l'exception de chose jugée reprend son empire : ainsi donc, on ne pourra pas élever deux fois le même débat, et les plaideurs seront renvoyés de leur demande, lorsqu'il y aura identité d'objet, de cause et de parties (159).

Il est même vraisemblable que la notion de la chose jugée a dû prendre naissance dans ces instances mêmes : comme il n'y intervenait pas de condamnation, le seul profit à tirer, le seul résultat à atteindre du procès était dans la *pronuntiatio* du *judex*, dont l'autorité était d'autant plus grande, que c'était la seule conclusion de l'instance. Tout au moins cette notion se serait-elle dégagée des *præjudicia*, si elle n'était parvenue à s'introduire dans les *judicia* ordinaires, et en particulier dans la revendication, où elle apparaît

(159) « *Sæpe constitutum est res inter alios judicatas aliis non præjudicare* ».

comme une conséquence de la consomption de l'action (160).

Mais ne faut-il pas aller plus loin, et dire que la chose jugée aura une autorité absolue? Faut-il dire avec Toullier que c'est aux questions d'état que s'applique éminemment la règle « *res judicata pro veritate habetur* » en ce sens que le jugement fera loi à l'égard de tous, même étrangers non parties au procès, lorsque certaines conditions auront été remplies notamment lorsque le jugement aura été rendu contre une personne que l'on pourra considérer comme *justus contradictor*? En un mot, doit-on substituer à la règle de droit commun « *res judicata jus facit inter partes* » le principe tout opposé : « *res judicata jus facit inter omnes* » ?

A cette question beaucoup de commentateurs ont répondu par l'affirmative ; d'autres ont distingué ; d'autres enfin se sont rangés à la négative.

A. — Dans un premier système (161), on a soutenu que le *præjudicium* devait avoir effet *erga omnes* (162), en toute matière relative à l'état, mais à deux conditions :

(160) Keller, trad. Capmas, § 73, p. 332.
(161) Toullier, n° 216. — Bonnier, *Traité des preuves*, § 889. — Dalloz, *Rép.* V° *chose jugée*, n° 271. — D'Argentré, *Partage des nobles*. — Cf. notre thèse française, chap. II.
(162) L. 14, D. 49, 1 : la voie de l'appel était ouverte aux intéressés.

1° Il fallait que le jugement fût rendu contradictoirement (163) ;

2° Sans collusion (164) ;

3° Contre un contradicteur légitime (165) ;

Ces trois conditions réunies, la sentence faisait loi pour ceux-là même qui n'avaient pas été parties au procès. Le *justus contradictor* était la personne qui avait au procès le *principal intérêt* ; mais rien de plus délicat que de déterminer quel était dans chaque espèce le légitime contradicteur : c'étaient d'une manière générale le père, le vrai patron, etc. En tout cas les textes ne donnent pas de définitions, et les plus fervents adeptes de cette doctrine, dont l'exagération est aujourd'hui reconnue, en sont réduits à des conjectures.

Les partisans de ce premier système s'appuient, en dehors des arguments de textes que nous citerons sous le second système, et dont ils généralisent à tort la portée déjà bien discutée, sur des considérations d'ordre divers. Toullier se fonde sur le sens du mot *præjudicium,* qui sert à désigner les instances rela-

---

(163) L. 27, D. 40, 12 ; l. 14, D. *de appellationibus,* 49, 1.

(164) L. 24, D. *de dolo malo,* IV, 3 ; l. 4, D. *de collus. deteg.,* 40, 16. « *Si libertinus per collusionem fuerit pronunciatus, ingenuus, collusione detecta, in quibusdam causis quasi libertinus incipit esse* ».

(165) L. 3, D. 40, 16. « *Cum non justo contradictore quis ingenuus pronuntiatus est, perinde inefficax est decretum, atque si nulla judicata res intervenisset* ».

Nous discuterons plus bas la valeur de ces textes.

tives à l'état, « parce qu'elles jugent d'avance toutes
les autres actions qui pourront en dépendre et s'élever dans la suite sur le même sujet, entre quelques
personnes que ce soit, et que le but qu'elles se pro-
posent est de les préjuger toutes, c'est-à-dire de les juger d'avance, même avant qu'elles soient nées (166) ».
Mais c'est résoudre la question par la question.

On ajoute qu'à cause de son *intérêt principal*, le
justus contradictor a reçu une sorte de mandat tacite
de représenter les tiers (167), explication hasardeuse,
et contraire, si on la pousse à l'extrême, comme on
est en droit de le faire, aux principes généraux de la
chose jugée : la décision rendue dans un procès ne
produit pas effet contre les tiers, même si l'intérêt
qu'ils peuvent avoir dans ce procès n'est que secondaire et accessoire.

Enfin l'on invoque l'intérêt public qui porte à ap-
pliquer ici *dans toute sa rigueur* le principe de l'autorité de la chose jugée ; l'on fait valoir que, si la failli-
bilité du juge et le devoir de protéger les tiers contre
des jugements auxquels ils sont restés étrangers font
fléchir la règle qui aurait dû prévaloir en principe,
celle de l'effet absolu des jugements, cette règle re-

______

(166) Toullier, *l. c.* — Cf. Dalloz, *l. c.* « Il y avait, en matière
d'état civil, une exception au principe que l'identité des personnes
est nécessaire pour produire l'autorité de la chose jugée ». C'est
une affirmation sans preuve.

(167) Savigny, *System*, t. VI, § 304, p. 479.

prend tout son empire, quand l'intérêt public s'oppose à ce qu'on perpétue les contestations : or, les questions d'état sont d'une telle importance qu'elles ne peuvent être constamment remises en jeu ; le jugement doit être irrévocable. Ces raisons peuvent avoir leur valeur en législation ; elles sont fausses en droit romain ; pas un texte ne les invoque ; tout ce qu'on peut induire à la rigueur des fragments des jurisconsultes, c'est qu'en certaines matières concernant l'état il pouvait y avoir dérogation à la loi 63 *de re judicata* ; c'est du moins l'opinion soutenue dans un second système. Généralisation hâtive d'exceptions contestables, tel est le caractère dominant du premier.

B. — D'après le second système, le plus important par le nombre de ceux qui l'ont adopté, il y aurait bien des exceptions en matière d'état aux principes généraux de la chose jugée, mais seulement dans certains cas particuliers. Les partisans de ce système se fondent sur des textes ; mais ils sont loin d'être d'accord sur le nombre des exceptions et sur les cas où le jugement a effet *erga omnes*. La plupart appliquent l'exception dans deux cas, celui de la légitimité d'un enfant et celui de l'ingénuité (168) ; d'autres ne

---

(168) Savigny, *System*, t. VI, § 301, p. 479 sqq. — Griolet, *De l'autorité de la chose jugée,* p. 67-69. — Lacombe, *thèse*, Paris, 1866. — Ces auteurs admettent aussi une exception à la loi 63, *de re judic.* dans la *querela inofficiosi testamenti.*

l'appliquent qu'au cas de jugement sur la légitimité (169). Pour la légitimité, on s'appuie généralement sur les lois 1, § 16, 2, 3, *de agnoscendis liberis* ; pour l'ingénuité, on invoque surtout la loi 30 *de liberali causa* et au Code la loi dernière au même titre, ainsi que les lois 1 et 5 *si ingenuus*, et la loi 25 *de statu hominum*. Même désaccord sur la qualité des personnes à qui le jugement est opposable, puisque les uns lui attribuent l'effet le plus absolu, tandis que les autres n'imposent la chose jugée qu'à ceux qui ont un intérêt secondaire et subordonné (170).

C. — Nous croyons qu'aucune de ces exceptions n'a jamais existé. Certes, il serait bien téméraire de venir ici soutenir cette opinion, rarement défendue (171), si nous n'avions en fait pour nous l'autorité de Merlin (172), qui, bien qu'appartenant en apparence au second système, se rattache en réalité au troisième. Donc, effet purement relatif de la chose jugée dans les *præjudicia de statu* ; c'est ce que nous allons essayer de démontrer par un examen attentif des textes.

(169) Merlin, *Rép.* V° *Question d'état.* — Accarias, § 797. — Quant à Keller, il ne s'exprime pas clairement sur la question et semble hésiter entre le 1er et le 2e système (trad. Capmas, § 73, p. 332).

(170) Griolet, *De l'autorité de la chose jugée*, p. 69.

(171) Cf. pourtant Laurent, n° 488 : « théorie *étrangère* au droit romain » ; Demolombe, n° 321, « théorie *fabriquée* par les commentateurs ». Mais ces auteurs sont très brefs en ce qui concerne le droit romain.

(172) Cf. *infra*, p. 96.

a) *Absence de textes en bien des matières.*

Pour bien des questions d'état, il n'y a pas de textes spéciaux imprimant à la chose jugée un effet absolu. Merlin l'a dit dans un langage peu technique, parce qu'à son époque on fait un très faible usage des expressions romaines : « ces lois ne concernent en rien les jugements rendus soit sur l'état d'époux, soit sur celui de majeur et de mineur, soit sur celui de mort ou de non mort civilement, soit sur celui de régnicole ou d'étranger, soit sur celui de noble ou de plébéien (173) ».

Nous ne possédons pas de textes pour le *præjudicium de patria potestate*, pour les rapports de paternité et de filiation, à l'exception du cas très spécial du désaveu de paternité ; nous n'en avons pas davantage au sujet du droit de cité. Comme les fragments qui nous ont été conservés ne traitent de l'effet du jugement que par rapport à certains procès relatifs à l'état, nous ne sommes pas en droit d'en étendre arbitrairement la portée. Pourtant la loi 1. D. 43, 30 semble bien décider que l'autorité absolue du jugement pourra être opposée au père, lorsqu'il dirigera contre un tiers l'interdit *de liberis exhibendis* (174) ; mais il est pro-

______

(173) Merlin, *Rép.*, t. 17, *l. c.*

(174) « *Pari modo si judicatum fuerit, non esse eum in potestate, etsi per injuriam judicatum sit,* agenti *hoc interdicto objicienda eri* exceptio rei judicatæ, *ne de hoc quæratur, an sit* in potestate, *sed*

bable que ce texte suppose que c'est contre le père
lui-même qui demande par un interdit à se faire représenter son enfant, que le jugement avait été rendu ;
il ne s'ensuit donc pas du tout que le jugement soit
valable *erga omnes*.

b) *Textes concernant la « causa liberalis ».*

Quant à la liberté, aucun texte ne pose le principe de
l'autorité absolue; bien au contraire, un grand nombre
de textes ne peuvent s'expliquer que par l'effet relatif.

Si, au cas de pluralité de *vindicationes in servitutem*
contre un prétendu esclave commun, ou d'autres
prétentions contradictoires sur la même personne,
toutes ces demandes devaient être renvoyées devant
le même juge, c'était bien pour éviter les inconvénients
de l'effet relatif du jugement, et les contrariétés qui
pouvaient résulter de plusieurs jugements sur le
même objet (175); autrement, un homme aurait pu
être jugé esclave à l'égard des uns, et libre à l'égard
des autres. Lorsque plusieurs personnes intentaient
contre une autre une *vindicatio in servitutem*, préten-
dant en avoir la propriété exclusive, la même règle ne

---

an sit judicatum (l. 1, § 4, D. 43, 30). — « *In potestate* » devait si-
gnifier « *in potestate ejus qui interdicto agit* » ; « *agenti* » n'est-il
pas lui-même pour « *agenti patri* » ? — Cf. Savigny, *l. c.*

(175) L. 8, D. *de liberali causa*, 40, 12 : « *Si plures sibi dominium
servi vindicant, dicentes esse communem.... et si alter usumfructum
totum, alter proprietatem servi vindicet, item si alter dominium, alter pignoratum sibi dicat, idem judex erit* ». — Cf. Accarias, § 797.

s'imposait pas (176) ; car le maître qui avait triomphé dans la première instance, se trouvait défendeur dans la seconde, et faisait valoir avec succès ses droits contre un second demandeur ; l'effet relatif aboutissait donc à une impossibilité.

Même conclusion à tirer (177), lorsqu'en fait on était obligé de séparer diverses actions connexes, des textes, d'après lesquels le triomphe d'un individu contre son prétendu maître dans une *proclamatio in libertatem* ne pouvait préjudicier aux droits d'un autre maître qui l'aurait possédé en commun avec le premier, et qui n'aurait pas été appelé au procès (178) ; la défaite du nu-propriétaire, dans une espèce semblable, n'aurait pas nui à l'usufruitier (179). On nous oppose que les intéressés n'avaient pas été tous deux appelés, et l'on fait la même objection pour l'espèce suivante (180) : deux personnes se prétendent propriétaires par indivis d'un esclave et intentent contre lui successivement la *vindicatio in servitutem* : la première a été déboutée de sa demande ; la seconde, plus heureuse, a été déclarée propriétaire pour moitié ; en droit le même individu sera donc à la fois libre et esclave (181). Si, d'après Julien, chaque jugement

(176) L. 8, *ibid.* « ... *neque timor est, ne varie judicetur* ».
(177) Merlin, *l. c.*
(178) L. 9, § 1, D. *de liberali causa*, 40, 12.
(179) L. 9, § 2, D. *ibid.*
(180) L. 30, *ibid.* — Cf. aussi, l. 29, D. 44, 2.
(181) En fait, on devait admettre un rachat *in favorem libertatis* :

conserve vis-à-vis de chacun des demandeurs un effet purement relatif, c'est que les intéressés n'étaient pas tous deux présents au premier débat. Mais cela revient à dire que s'ils avaient pris part tous deux au procès, le jugement aurait suffi pour imposer silence à tout autre qui eût ensuite prétendu remettre en contestation l'état d'homme libre du gagnant. Et Merlin a fait justement observer (182) qu'il n'y a là rien de particulier aux jugements rendus sur les questions d'état. Supposons en effet qu'après jugement sur une question de propriété un tiers vienne se dire propriétaire de l'objet du litige, à l'exclusion des parties en cause dans le procès, il n'y aura pas chose jugée à son endroit ; mais supposons que ce même tiers se borne à soutenir que la partie qui a triomphé n'était pas propriétaire, il sera repoussé par une exception.

Ne vient-on pas aussi invoquer contre nous la situation des enfants d'une femme qui a succombé dans la *liberalis causa*? On sait qu'une loi du Code (183) distingue entre les enfants nés *in lite* et les enfants nés *ante litem* : nés *in lite*, ils suivront la condition de leur mère, et leur sort sera lié au sien ; nés *ante litem con-*

---

l'individu était libre à condition de payer au second demandeur moitié de la valeur qu'il aurait eue, s'il avait été esclave pour le tout (L. 30, *ibid.*). — D'après M. Accarias, § 797, cette dernière décision aurait été introduite dans le droit par Justinien, et elle aurait été ajoutée par les commentateurs au texte de Julien.

(182) Merlin, *Rép.*, t. 17, V° *Q. d'état.*

(183) L. 42 (*ultima*) C. 7, 16.

testatam, ils ne souffriront ni ne bénéficieront de la sentence (184), s'ils n'ont pas été appelés au procès. Cette distinction prouve-t-elle que les jugements rendus en matière de liberté aient de plein droit l'autorité de la chose jugée à l'égard de tous les tiers ? (185) Aucunement : c'est au contraire en vertu de l'effet relatif du jugement que les enfants nés *ante litem* doivent être mis en cause (*suo omnes nomine in quæstionem vocentur*) ; quant aux enfants nés *in lite*, si leur naissance est postérieure au jugement, ils suivent le sort maternel, parce qu'ils ne sauraient avoir d'autres droits que ceux qui existaient à l'époque même de leur naissance, ni prétendre à des droits de famille qui, avant cette époque, appartenaient à d'autres (186) ; si la naissance est antérieure au jugement, la solution tient aux principes mêmes de la *litis contestatio* (187), et non pas à ce que la mère est légitime contradicteur (188).

(184) Accarias, § 797, M. Accarias n'envisage que le cas de l'échec de la femme ; il doit y avoir une solution analogue au cas de son triomphe dans l'action.

(185) Cf. sur la valeur de la distinction en droit français la 2e partie de notre thèse.

(186) Merlin, *ibid.*

(187) Cf. May, *l. c.*, § 426 sqq. sur l'effet extinctif et l'effet créateur de la *litis contestatio*. La *litis contestatio* épuise le procès, en ce sens qu'il ne peut plus être l'objet d'une contestation entre les mêmes personnes et *leurs ayants cause.*

(188) Cf. aussi en notre sens, l. 31 [30], C. *de lib. causa*, 7, 16. — L. 42, D. 40, 12.

c) *Textes concernant l'ingénuité.*

Avec le procès d'ingénuité, nous abordons les textes qui ont servi de base à la théorie du contradicteur
légitime. La loi 25 *de statu hominum* (189) et les lois
1 et 5 *si ingenuus esse dicetur* (190) méritent à ce point
de vue toute notre attention. Comparées aux textes qui
traitent de l'effet du serment en notre matière (191),
elles se prononcent, d'après nos adversaires, de la
façon la plus nette en faveur de l'autorité absolue du
jugement.

La loi 25 *de statu hominum* est catégorique dans
ses termes : « *ingenuum accipere debemus eum de
quo sententia lata est, quamvis fuerit libertinus* », et Ulpien ajoute ces mots qui ont été depuis si souvent
répétés : « *quia res judicata pro veritate habetur* ».
Le principe énoncé par la loi, a-t-on dit, est aussi absolu que la forme qu'il a revêtue ; et en matière d'ingénuité (beaucoup ont dit : en toute matière d'état),
le jugement s'impose à tous. De ce que la chose jugée
est regardée comme la vérité, on conclut qu'elle
étend son autorité contre les tiers étrangers à l'ins-

(189) D. I, 5.
(190) D. 40, 14.
(191) L. 14, D. *de jure patronatus*, 37, 14. « *Si juravero me patronum esse*..... *quia* jusjurandum patronum non facit, aliter atque
si patronum esse pronuntiatum sit, *tunc enim* sententiæ stabi-
tur ». Mais ces derniers mots sont loin d'être concluants pour la
théorie de l'effet absolu.

tance ; mais c'est une induction arbitraire et fausse ; la loi *ingenuum* n'indique rien de plus que l'effet ordinaire et relatif de la chose jugée (192) ; et en matière de propriété, à supposer qu'un *non dominus* aurait triomphé dans sa revendication contre le possesseur, serait-ce écarter l'exception de chose jugée que de dire : « *dominum accipere debemus eum de quo sententia lata est* (193) » ?

Les lois 1 et 5 *si ingenuus esse dicetur* fournissent également des armes à nos adversaires. « Si l'affranchi de Primus a été déclaré ingénu sur la poursuite de Secundus, Primus, le vrai patron, a le droit d'intenter une action, sans avoir à craindre de se voir opposer son inaction prolongée (*sine ulla exceptione temporis*) » ; et Papinien exprime la même opinion que Marcellus (l. 5) : « cinq ans après la sentence qui a déclaré un individu ingénu, le patron ne sera pas repoussé, s'il a ignoré le jugement ». Ces deux lois reposent, d'après nos adversaires, sur le principe de la loi 3 *de collusione detegenda* ; elles prouvent bien qu'à défaut de contradicteur légitime le jugement ne peut nuire au vrai patron ; mais ce qu'elles ne démon-

---

(192) Merlin, *l. c.*

(193) Brackenhofft (*dic Identitæt und materielle Connexitæt der Rechtsverhæltnisse*, Gœttingen, 1839) a fait remarquer que « *res judicata pro veritate habetur* » n'est que la répétition du principe qui constitue à lui seul la loi 207 *de re judicata*, et que pas un auteur n'a songé à voir dans ce dernier texte une telle extension d'efficacité de la chose jugée.

trent pas, c'est que, si le procès sur l'état de l'affranchi avait été soutenu par le patron véritable, le jugement n'aurait pas eu validité à l'égard des tiers ; ce qu'elles ne sauraient non plus prouver, c'est que, en présence d'un contradicteur légitime, un jugement sur une question d'état ne nuirait pas ou ne profiterait pas à tous, parties ou tiers étrangers au procès. Mais, Merlin l'a fait remarquer à bon droit, la loi 25 *de statu hominum* ne le prouve pas davantage ; et c'est ainsi que nos deux dernières lois servent à réfuter l'argument tiré de la première : « à quel propos les auteurs présentent-ils celle-ci comme établissant un effet aussi extensif de la chose jugée et celles-là comme prescrivant des conditions desquelles dépend l'application de ce prétendu privilège ? » (194).

Tout ce qui ressort des trois lois mentionnées, c'est que le patron a toujours le droit de remettre en question l'ingénuité plaidée et reconnue hors de sa présence, sans qu'il en résulte d'une manière quelconque que la qualité d'ingénu ou d'affranchi, reconnue avec le patron *justus contradictor*, s'impose à ceux qui n'ont pas figuré au procès.

Rien de plus faux, et nous saisissons l'occasion qui nous est offerte de le démontrer, que l'interprétation donnée du mot *justus contradictor* ; l'on s'étonne quelle ait jamais joui d'un crédit aussi considérable. Ce mot

______

(194) Merlin, *Rép.*, t. 17, *v° Q. d'état*, § III, art. 1, n° 3, p. 474.

ne désigne pas, ainsi que la loi 3 *de collusione detegenda* (195) semble l'indiquer, la personne qui, ayant au procès principal intérêt, doit être forcément mise en cause pour qu'il y ait chose jugée, ou qu'il suffira de mettre en cause pour que le jugement soit valable *erga omnes* : car le « *justus contradictor* » *n'a souvent qu'un intérêt fort secondaire*. Dans l'espèce de la loi 3, *de collus. detegenda*, il s'agit d'un affranchi reconnu ingénu en l'absence de son patron ; c'est en raison de cette absence que le jugement est dépourvu d'efficacité. *Justus contradictor* désigne le vrai patron par opposition à un faux patron ; par suite, une personne *vraiment intéressée* à la question (principalement ou accessoirement) *par opposition à un faux intéressé* ; — rien de plus. Ailleurs le même mot désigne bien celui qui prétend à la qualité de patron (196); mais nulle part *justus contradictor* n'est employé pour définir directetement celui qui a le principal intérêt. Deux textes viennent à l'appui de notre thèse : la loi 63, D. *de re judicata* et la loi 19, C. *de liberali causa*. Si, en présence de Titius, et lui intervenant pour la défense de son droit, l'esclave Stichus est déclaré soit l'esclave,

---

(195) Cf. le texte de cette loi plus haut sous la note 165.

(196) L. 1, C. *de ingenuis manumissis*, 7, 14 : « .... *si tamen* justum contradictorem *habes*, id est eum qui se patronum tuum esse dicit... *qui post manumissionem originem repetierint, ea, quæ de domo manumissoris habent, ibi relinquant....* » Ici le prétendu patron est *le seul vrai intéressé*, ce qui n'est pas la même chose que le principal intéressé.

soit l'affranchi de Mœvius, le jugement aura contre Titius l'autorité de chose jugée (197). Savigny explique ce passage en disant que, en raison des grands préjudices que pouvait entraîner la qualité d'ingénu ou d'affranchi attribuée d'une façon passagère, on autorisait l'intervention dans le procès de tout prétendu patron qui pouvait se présenter, afin que le jugement leur fût commun (198). Il n'en est pas moins vrai que celui qui, dans cette espèce, a le principal intérêt, ce n'est pas le patron, mais bien l'affranchi, surtout lorsqu'il s'agit de le faire déclarer esclave. Titius a un intérêt beaucoup moindre : il ne s'agit pour lui que d'une question de propriété, alors que la liberté de Stichus est en jeu. Cependant la loi n'en décide pas moins que Titius devra intervenir, et sera *justus contradictor* « bien qu'il n'ait pas d'intérêt parallèle à celui à qui l'action ou la défense appartient en première ligne, bien qu'il n'ait qu'un intérêt secondaire, il est vrai, mais né et actuel (199) ».

Enfin la loi 19 C. *de liberali causa*, dans une espèce analogue, où le principal intérêt est celui de la personne dont l'état est attaqué (200), tandis que le tiers

---

(197) L. 63, D. 42, 1 : « *Nam et si libertus meus*, me interveniente, *servus vel libertus alterius judicetur, mihi præjudicatur* ».

(198) Savigny, *System*, § 301, note *p*.

(199) Merlin, *l. c.*, p. 488.

(200) L. 19, C. *de liberali causa*, 7, 16. « Principaliter *causam ejus de quo supplicas esse, quam tuam perspicimus.... Illius interest* magis solemniter *suum tueri statum, et* consequenter *tua etiam agitur*

à qui la sentence doit profiter ou préjudicier n'est intéressé au procès que d'une façon secondaire et accessoire, proclame que ce tiers ne devra se soumettre à l'autorité de la chose jugée que s'il a été partie à l'instance. Stichus, affranchi de Paul, est poursuivi par Mævius, comme son esclave : l'intérêt principal est celui de Stichus ; mais, s'il a succombé sans que Paul ait été mis en cause, la sentence n'est pas opposable à ce dernier, bien qu'il ne soit intéressé qu'accessoirement (*consequenter*). Paul est donc contradicteur légitime, et pourtant il n'a pas dans l'affaire le principal intérêt.

De ces textes il résulte que l'effet du jugement était subordonné à la mise en cause de certains intéressés, dont le nombre et la qualité variaient selon les espèces, mais qui n'étaient pas nécessairement les principaux intéressés.

Que conclure de cette longue discussion, si ce n'est que tout est faux dans cette théorie du *justus contradictor* ? Il n'est pas vrai que le *justus contradictor* soit le principal intéressé ; il n'est pas vrai davantage que, lorsque celui qu'on désigne sous ce nom a été mis en cause, le jugement relatif à l'état ait force absolue, soit opposable à tous. Tout cela est inexact ; car, s'il y a une exception dans la dernière classe d'instances

causa..... *Si vero consentiat servituti, tunc, jure concesso, adito præside provinciæ, eum invitum etiam defendere potes* ».

relatives à l'état qu'il nous reste à examiner, cette
exception n'est qu'apparente, et la dérogation aux
principes généraux ne repose que sur des considérations étrangères à celles que l'on a fait valoir.

d) *Textes concernant la légitimité et le désaveu.*

Les textes qui ont trait au procès sur la légitimité
d'un enfant (201) constituent pourtant les arguments
les plus considérables de la théorie que nous repoussons. Il y a là un « *placet enim ejus rei judicem jus facere* » dont on a fait valoir l'importance, et, comme en
matière d'ingénuité, on a ici comparé la force du serment, qui n'a qu'un effet relatif, à l'autorité du jugement qui serait absolue (202).

Lorsqu'une femme était enceinte au moment où
intervenait un jugement qui prononçait son divorce,
elle devait faire dénonciation à son mari dans un certain délai, pour ne pas s'exposer à un désaveu. Si
donc elle omettait de prendre cette précaution, et si le
mari, usant de son droit de désaveu, intentait une action afin de faire décider si l'enfant était de lui, « *an
ex eo mulier prægnans sit* », le jugement avait force
de chose jugée à l'égard de toutes autres personnes.

(201) L. 1, § 16, l. 2, l. 3, D. *de alendis et agnoscendis liberis,*
25, 3.
(202) Cf. « *placet enim ejus rei judicem jus facere* », on oppose,
« *veritatem esse quærendam* » de la l. 3, D. *de jurejurando,* 12, 2.
— Cf. Savigny, *l. c.,* note *n.*

Mais ce n'est pas une raison pour déclarer avec Savigny (203) que, lorsqu'il y a litige sur la légitimité d'un enfant et sur la puissance paternelle qui s'y rattache, le jugement rendu à l'autorité de la chose jugée, non seulement pour le père et la mère qui ont soutenu le procès, mais aussi pour les autres membres de la famille, notamment pour les frères et sœurs de l'enfant. En dépit des protestations de Bonnier (204), qui prétend que la distinction du désaveu et de la contestation d'état est toute moderne, et qui déclare que « les jurisconsultes romains avaient trop de sens pour ne pas être pénétrés des motifs d'utilité sociale qui ne permettent point de rechercher à chaque génération les questions d'état, » rien n'autorise à donner une pareille portée aux textes.

Nous sommes ici en présence d'une exception, et, en matière d'exception, l'interprétation doit être restrictive : les lois citées ne concernent que le désaveu (205), et même certains interprètes (206) admettent qu'elles ne visent pas tous les cas de désaveu, mais ne se réfèrent qu'au désaveu à la suite du divorce, à l'exclusion du désaveu de l'enfant né pendant le mariage. Or, si le jugement a un effet absolu, si le mari semble jouer le rôle de celui qu'on a appelé

(203) Savigny, *System*, § 301, p. 479.
(204) Bonnier, *Preuves*, § 889.
(205) Demolombe, *C. civ*.
(206) Brackenhofft, *l. c.*

un contradicteur légitime, c'est que le désaveu est
pour lui un droit personnel, qui, par suite, ferme
l'action à tous les autres (207). Voilà donc une exception au principe de la loi 63 *de re judicata*, qui
n'entame en rien le principe pour les autres matières relatives au *status personarum*, puisqu'elle
est basée sur des motifs qui leur sont étrangers.
Voilà pourquoi nous disions au début de cette discussion, dont nous craignons d'avoir exagéré la longueur,
que nous sommes forts de l'opinion de Merlin (208) :
bien qu'il semble se rattacher au second système, le
jurisconsulte se rallie en réalité au troisième, qui est
le nôtre : car, s'il avait approfondi la raison qui a
consacré cette exception de la loi 3 *de agnoscendis et
alendis liberis*, il n'aurait pas admis qu'on puisse reconnaître une seule dérogation, en dehors de ces motifs tout particuliers, au principe de l'effet relatif des
jugement dans les *præjudicia de statu* et autres instances concernant le *status personarum*.

(207) Cf. thèse française, chap. III, sect. II.
(208) Merlin, *l. c.*, page 489 et suiv.

TABLEAU DES PRINCIPAUX TEXTES
RELATIFS A LA CHOSE JUGÉE EN MATIÈRE DE STATUS
CITÉS OU ANALYSÉS DANS LE CHAPITRE III

Digeste

Agnoscendis liberis (de) XXV, 3.
    l. 1, § 16.
    l. 2.
    l. 3.
    l. 5, § 9.
Appellationibus (de). XLIX, 1.
    l. 14.
Collusione detegenda (de), XL, 16.
    l. 1.
    l. 3.
    l. 4.
Dolo malo (de), IV, 3.
    l. 24.
Exceptione rei judicatæ (de), XLIV, 2.
    l. 29.
His qui sui vel alieni juris sunt (de), I, 6.
    l. 10.
Jure jurando (de) XII, 2.
    l. 3.
Jure patronatus (de), XXXVII, 14.
    l. 14.
Liberali causa (de), XL, 12.
    l. 8.
    l. 9.
    l. 27.
    l. 30.
    l. 39.
    l. 42.

Liberis exhibendis (de), XLIII, 30.
    l. 1, § 4.
Re judicata (de), XLII, 1.
    l. 15.
    l. 63.
Statu hominum (de), I, 5.
    l. 25.
Si ingenuus esse dicetur, XL, 14.
    l. 1.
    l. 5.

Code

Ingenuis manumissis (de), VII,
    l. 1.
Liberali causa (de), VII, 16.
    l. 19.
    l. 30.
    l. ult.
Ordine judiciorum (de), III, 8.
    l. 1.
Quibus res judicata non noceat, VII, 56.
    l. 2.
    l. 4.

Commentateurs

Huberus, in Inst. de act., n. 15, sous le paragraphe 13.
Heraldus, de re judicata.
Vinnius, in Inst. de act., n. 1.
Vinnius, Partit. juris, lib. 4, cap. 47.

PRINCIPAUX OUVRAGES CONSULTÉS

ACCARIAS. — Précis de droit romain, 3e édition.

BARON.—*Geschichte des rœmischen Rechts. Erster Theil: Institutionen und Civilprozess.*

BEKKER. — *Die Aktionen des rœmischen Privatrechts.*

BONJEAN. — Traité des actions.

BRACKENHOFFT. — *Die Identitœt und materielle Connexitœt der Rechtsverhœltnisse oder : der Umfang der Wirkung der « res judicata, » die Konkurrenz der Klagen, und das « Prœjudicium. »*

DE CAQUERAY. — Explication des passages de droit privé contenus dans les œuvres de Cicéron.

CHÉNON. — Le tribunal des Centumvirs.

ECK.—*Die sogenannten doppelseitigen Klagen des rœmischen und gemeinen deutschen Rechts.*

KELLER. — Trad. Capmas. De la procédure civile et des actions chez les Romains.

IHERING. — Trad. Meulenaere. Esprit du droit romain.

LENEL. — *Das « Edictum Perpetuum. » Ein Versuch zu dessen Wiederherstellung.*

MAY. — Précis de droit romain.

MAYNZ. — *Éléments de Droit romain,* 3e édit.

MERLIN. — Répertoire, V° Question d'état.

ORTOLAN. — Institutes. 12e édition.

RUDORFF. — Edicti perpetui quæ supersunt.

SAVIGNY. — *System des rœmischen Rechts.* Traduction Guenoux.

SCHLOSSMANN. — *Uber die « Proclamatio in libertatem, »* dans la *Savigny Stiftung,* t. XIII, p. 225.

VLASSAK — *Rœmische Prozessgesetze.*

— « *Subcisiva* » dans la *Zeitschrift für das Privat- und Oeffentliche Recht der Gegenwart* de Grünhut, t. XIX, p. 709-724.

ZIMMEM. — Traité des actions ou théorie de la procédure privée chez les Romains.

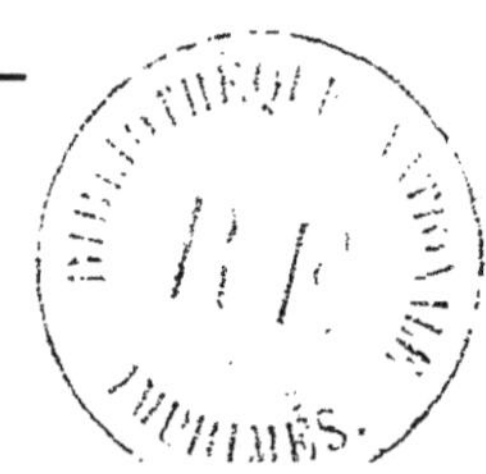